Die Lehren
von Pfeil und Bogen

Joseph M. Marshall

Die Lehren von Pfeil und Bogen

Mit der Weisheit der Indianer zu Mut und Stärke gelangen

1. Auflage Dezember 2016

Titel der amerikanischen Originalausgabe:
The Lakota Way of Strength and Courage – Lessons in Resilience from the Bow and Arrow

Übersetzung: Hans Sartorius
Lektorat: Ulrike Strerath-Bolz
Umschlaggestaltung, Satz und Layout: Stefanie Beth

ISBN 978-3-86445-389-2

FSC
www.fsc.org
MIX
Papier aus verantwortungsvollen Quellen
FSC® C014496

Gerne senden wir Ihnen unser Verlagsverzeichnis
Kopp Verlag
Bertha-Benz-Straße 10
72108 Rottenburg
E-Mail: info@kopp-verlag.de
Tel.: (0 74 72) 98 06-0
Fax: (0 74 72) 98 06-11

Unser Buchprogramm finden Sie auch im Internet unter:
www.kopp-verlag.de

Für Connie

Inhalt

EINFÜHRUNG

Kind des Mondes, Kind der Sonne

Es gab eine Zeit, da betrachteten die Jungen der Lakota einen neuen Bogen und neue Pfeile so, wie heutige Teenager einen iPod, ein Handy oder die neueste Version eines Videospiels betrachten – sehnsüchtig und liebevoll. Allerdings gab es einen grundsätzlichen Unterschied: Ein junger Lakota lernte irgendwann, seine eigenen Bogen und Pfeile zu bauen, und er lernte die Lektionen des Lebens, die mit diesen Dingen einhergingen.

Bogen und Pfeile gibt es seit Tausenden von Jahren, und als Jagd- und Kriegswaffen waren sie entscheidend für das Überleben von Kulturen überall auf der Welt. Sie machten immer und im wahrsten Sinn des Wortes den Unterschied zwischen Hunger und Fülle und sehr oft zwischen Leben und Tod aus.

Zwar kannte ich Bogen *(itazipa)* und Pfeil *(wahinkpe)* aus den Geschichten meiner Großeltern mütterlicherseits, doch wirklich gesehen habe ich sie zum ersten Mal, als mein Großvater 1950 beides anfertigte. Der Bogen bestand aus Eschenholz, und die Pfeile waren dünne Aroniazweige. Wie zahllose Lakota-Jungen vor mir fühlte ich mich sofort davon angezogen. Es war ein Gefühl, als träfe ich einen alten Freund. Sehr wahrscheinlich spürte ich eine innere kulturelle Verbindung. Meine lebenslange Faszination begann in dem Augenblick, als mein Großvater einen Pfeil nach dem anderen auf die Sehne legte und sie löste. Ich sah zu, wie die gefiederten Schäfte in elegantem Bogen über den Himmel flogen, und wusste, sie würden für immer zu meinem Leben gehören.

Als ich fragte, woher der Bogen käme, war es meine Großmutter, die antwortete: »Vom Mond«, sagte sie.

Sie erklärte, dass der Mond eine Frau ist, und dass sie uns Lakota den Bogen geschenkt hat. Ich akzeptierte, was sie sagte, ohne weitere Fragen zu stellen. Ein paar Abende später zeigte sie mir die dünne Sichel eines Neumondes am Himmel. Die schmale Mondsichel sah genauso aus wie der Bogen meines Großvaters, wenn er die Sehne auszog, um einen Pfeil abzuschießen.

Wie mein Großvater erzählte, hatte vor langer, langer Zeit jemand die Neumondsichel gesehen und sie mit der Funktion eines Bogens in Verbindung gebracht. Ein Bogen funktioniert, indem er darauf reagiert, dass er gespannt oder gekrümmt wird, wenn der Bogenschütze die Sehne auszieht. Sobald die Sehne losgelassen wird, setzt die kinetische Reaktion den Pfeil in Bewegung. Jeder, der mit der Funktionsweise eines Bogens vertraut ist, ganz besonders jemand, der Primitiv-Bogen hergestellt hat, weiß, der Bogen muss so konstruiert sein, dass er die Belastung des Spannens oder Biegens aushält. Schlechte Konstruktion oder stümperhafte Arbeit führt dazu, dass die eine Seite oder beide Seiten unter Spannung nicht richtig funktionieren oder sogar brechen. Der Primitiv-Bogen der Lakota ist nicht zuletzt der Inbegriff der Schlichtheit. Im gespannten Zustand – das heißt, wenn die Sehne an beiden Enden befestigt ist – erinnert er an ein großes D. Am breitesten ist er in der Mitte, an dem Punkt, an dem der Bogenschütze ihn hält. Der Teil vom Griff bis zum unteren Ende ist der untere Wurfarm. Über dem Griffbereich befindet sich der obere Wurfarm. Damit der Bogen immer wieder problemlos funktioniert, müssen beide Arme gleich stark gebogen sein. Mit anderen Worten, die Belastung muss bei beiden Armen gleich sein.

Auch die dünne Sichel des Neumondes ist in der Mitte am breitesten und wird zu den Enden hin schmaler. Wie mein Großvater sagte, erkannte ein Bogenschütze vor langer, langer Zeit, dass er es mit einer Bauweise zu tun hatte, bei der sich die Arme des Bogens gleichmäßig bogen oder krümmten. Deshalb hat der Mond uns praktisch und auch spirituell den Bogen geschenkt.

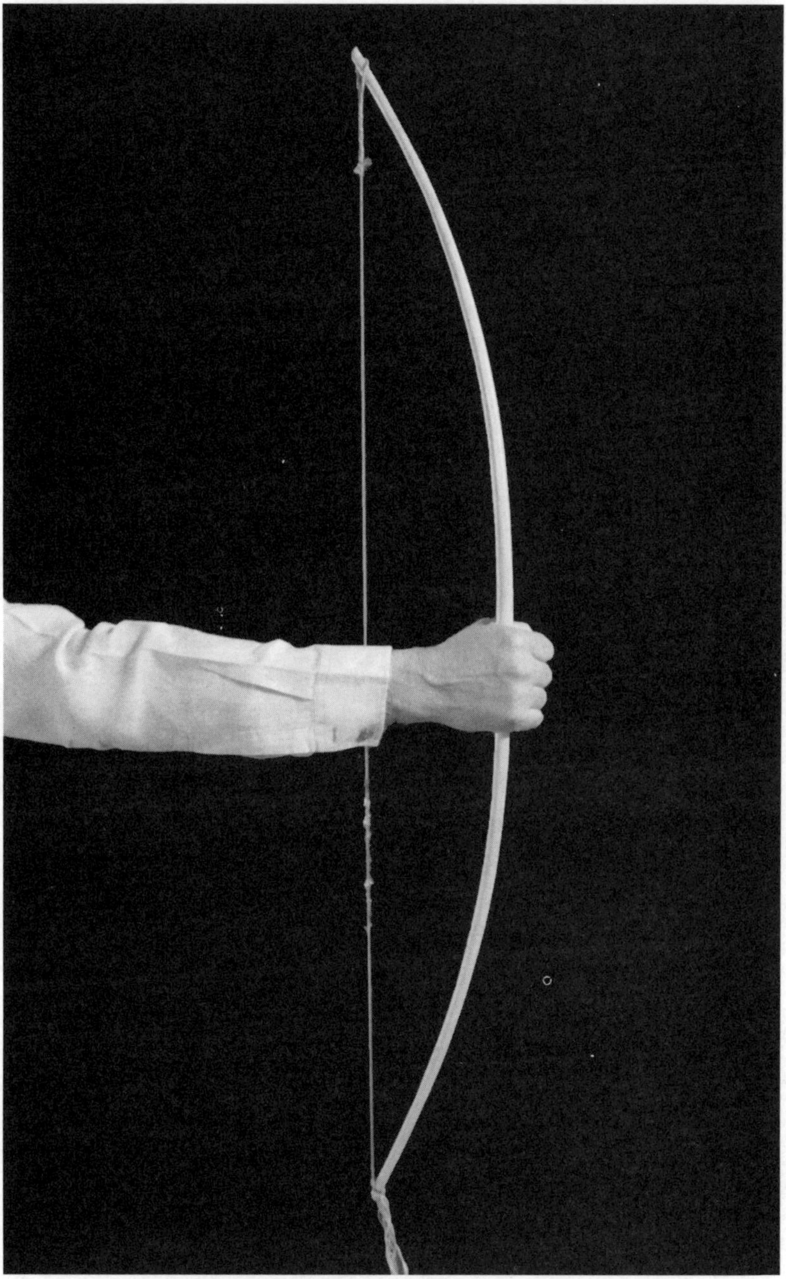

Lakota-Bogen aus Eschenholz mit Tiersehne

Früher oder später stellte ich die nächste naheliegende Frage: Wenn der Bogen vom Mond kam, woher kam dann der Pfeil?

»Von der Sonne«, erwiderte mein Großvater.

Ich wusste bereits, dass die Sonne als Mann betrachtet wurde. Deshalb schloss ich daraus – richtigerweise, wie sich herausstellte –, dass der Pfeil männlich sein musste. Als eines Nachmittags die Sonnenstrahlen wie Lichtpfeile durch die aufgerissenen Wolken herabschossen, deutete mein Großvater darauf. Das waren die Pfeile der Sonne. Der Bogen beschrieb eine anmutige Biegung, während der Pfeil absolut gerade, so gerade wie irgend möglich war.

Weder der Mond noch die Sonne sagte uns, aus welchem Material Bogen und Pfeil gefertigt werden sollten. Doch da meine Lakota-Vorfahren alles, was sie benutzten, trugen und aßen, und selbst die Unterkünfte ihrer natürlichen Umgebung entnahmen, kannten sie die Eigenschaften jedes einzelnen Materials. Hartholz wurde für Bogen benutzt, weil es biegsamer war als Weichholz. Für Pfeile wurden Ruten aus Hartholz und Weichholz verwendet. In der Zeit vor den Reservaten waren Bogen und Pfeile für den Lakota-Jäger/Krieger eine absolute Notwendigkeit. Er benutzte diese Waffen ebenso, um Nahrung und die Materialien für Unterkunft und Kleidung zu beschaffen, wie um seine Familie und die Gemeinschaft gegen Feinde zu verteidigen. Ungefähr im Alter von zwölf Jahren lernte jeder Junge beides anzufertigen. Es war ein Können, das Jahr für Jahr verbessert und verfeinert wurde. Üblicherweise waren einige Jungen sehr viel geschickter als andere. Gleichwohl war jeder Mann im Dorf ein Bogenbauer und schmiedete Pfeilspitzen.

Während der ersten Jahre in den Reservaten wurden auch weiterhin Pfeile und Bogen gebaut und auf der Jagd verwendet. Manche wurden hergestellt, um sie an Weiße zu verkaufen; einige weiße Sammler hatten auch schon vor der Zeit der Reservate einzelne Stücke erwerben können. In der Generation meiner Großeltern gab es noch viele Männer wie meinen Großvater, die das Wissen und Können besaßen, Pfeil und Bogen zu bauen. Mein Vater hatte Grundkenntnisse, doch soweit ich weiß, hat er nie einen Bogen gebaut oder benutzt. Technisch gesehen sind die Pfeile und Primitiv-Bogen der Lakota nicht in der Vergangenheit verschwunden, aber sie haben nur mit Mühe überlebt.

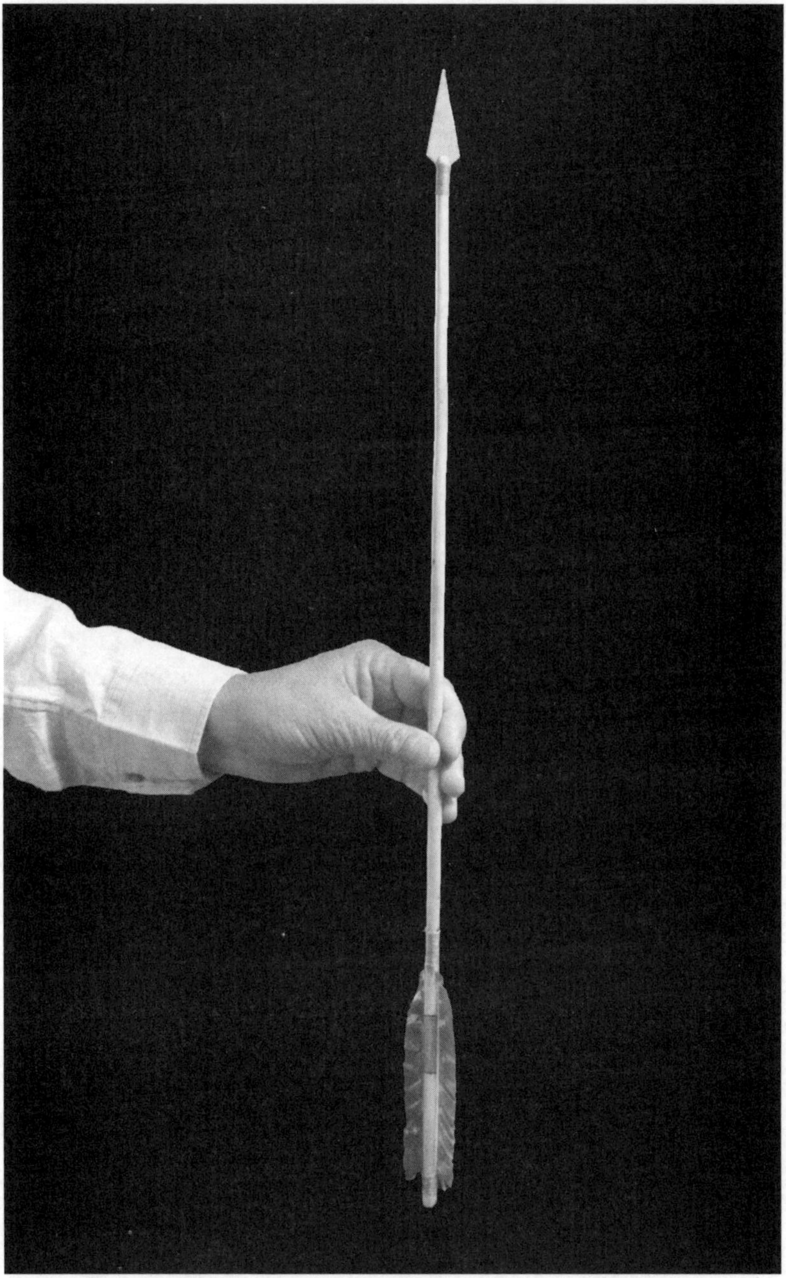

Lakota-Pfeil mit Truthahnfedern und Eisenspitze

Viele Kulturen sehen in Pfeil und Bogen mehr als die physischen Objekte, die sie sind. Auf meine Vorfahren traf das ganz sicher zu. Bogenschützen der Lakota, die ihre eigenen Bogen und Pfeile bauten, hatten das *Vorher* und *Nachher* im Blick. Sie betrachteten Bogen und Pfeile als einen Prozess. Und in diesem Prozess entdeckten sie Verbindungen und Assoziationen zum Leben. Im Laufe der Zeit bildeten sich Regeln und Auffassungen im Hinblick auf die Anfertigung und den Gebrauch von Bogen und Pfeilen heraus. Wenn man zum Beispiel eine Eiche, eine Esche oder eine Traubenkirsche fällte, um einen Bogen zu bauen, wurde das untere Ende immer markiert. Deshalb wusste der Bogenbauer, welches Ende des fertigen Bogens unten und welches oben sein würde.

Am Ende des oberen Wurfarms wurde eine Kerbe für die Sehne eingeschnitten, am Ende des unteren Wurfarms zwei Kerben – auf jeder Seite eine. Der Bogen wurde ungespannt aufbewahrt, bis es einen Grund für seine Benutzung gab. Dann spannte der Schütze den Bogen und berührte dabei mit dem unteren Ende des Bogens einen Augenblick, vielleicht einen Herzschlag lang, die Erde. Für das Ritual gab es einen einfachen, aber gewichtigen Grund: Für diesen Herzschlag wurde der Bogen wieder auf die Erde ausgerichtet, um ihn mit der lebensspendenden Kraft zu verbinden, die er als lebender Baum gekannt hatte.

Für Pfeile gab es ähnliche Rituale. Wie das Holz für den Bogen, so wurde der ausgewählte Zweig beim Schneiden am unteren Ende markiert. Dieses Ende, die dickste Stelle des Schafts, war das Nock-Ende, in das die Kerbe eingeschnitten wurde (üblicherweise v-förmig), damit der fertige Pfeil auf die Sehne gelegt werden konnte. Wollte der Schütze den ersten Pfeil lösen, legte oder nockte er den Pfeil auf die Sehne. Dann hob er den Bogen, sodass der Pfeil in Würdigung seiner Ausrichtung als lebendiger Zweig senkrecht nach oben wies. War der Schütze zu Fuß und saß nicht auf einem Pferd, berührte er mit der Nocke die Erde, bevor er den Pfeil auf die Sehne legte. Der Grund für die Rituale für Bogen und Pfeil war einfach: Der Schütze, der auch der Hersteller war, zeigte seinen Respekt vor den Objekten, die einmal lebendig gewesen waren, indem er sie kurz auf die Lebenskraft von Großmutter Erde ausrichtete oder sie wieder mit ihr verband.

Wegen solch einfacher aber tief gehender Anschauungen bildet die Primitiv-Version von Pfeil und Bogen der Lakota, wie meine Vorfahren sie Hunderte von Jahren benutzt haben, bevor die Lakota gezwungen wurden, sich in Reservaten anzusiedeln, die Basis dieses Buches. Es gab zwei Arten von Pfeil und Bogen: Die eine wurde für die Jagd verwendet, die andere im Kampf. Daneben kannte man Varianten, die in Gebrauch waren, bevor meine Ahnen Pferde besaßen, und solche, die nach Ankunft des Pferdes verändert oder den neuen Erfordernissen angepasst wurden. Welchen historischen Ursprung der Primitiv-Bogen der Lakota und die Pfeile auch haben mögen, sie waren und sind Spiegel des Lebens: des Prozesses, der von der Geburt bis zum Tod andauert.

Wenn ich als Junge zusah, wie mein Großvater mit seinem Bogen schoss, und als er einen Bogen und Pfeile für mich anfertigte und ihn mir in die Hand gab, ahnte ich nicht, dass die Verbindung zu ihnen mein ganzes Leben lang bestehen würde. Über die Jahre habe ich viele Bogen besessen und benutzt. Doch das Gefühl der Verbindung ist bei den selbst gebauten Bogen und Pfeilen am stärksten, denn sie überbrücken die Zeit. Mein handwerkliches Können und die Stunden, die ich mit der Herstellung dieser Bogen und Pfeile verbringe, reihen mich ein in die Gemeinschaft aller Handwerker und Bogenschützen der Lakota vor mir, die das ebenfalls getan haben. Das Wissen und die Fähigkeit, einen Bogen und Pfeile herzustellen, stammen von ihnen. Es ist ein Kreis, der mit ihnen beginnt und mit mir endet. Und wie meine Vorfahren haben mir diese einfachen Dinge wichtige Lehren erteilt.

Es waren keine einfachen Lektionen, sie waren vielfältig und umfassend. Ich vermute, es wird noch weitere geben. Einige hatten eine bleibende Wirkung, denn sie betreffen die Themen, vor denen wir häufig nicht nur einmal an einem bestimmten Punkt unseres Lebens stehen. Für dieses Buch habe ich fünf Lektionen ausgewählt:

- Wandel
- Einfachheit
- Bestimmung
- Stärke
- Widerstandsfähigkeit

Es gibt im Leben mehr als diese fünf Lektionen, doch sie sind für mich die durchgehenden Lektionen von Pfeil und Bogen. Eine ist ein Vorgang, die anderen sind charakteristische Eigenschaften. Alle lassen sich in eine direkte Beziehung setzen zur Fertigung von Primitiv-Bogen und Pfeilen und zu den meisten Dingen des Lebens.

KAPITEL I

Wandel

Ein Beutel voller Steine

Vor langer Zeit, lange bevor die Pferde kamen, waren die Menschen stark und wohlhabend. Ihre zahlreichen Dörfer erstreckten sich über die weite Prärie westlich des Muddy River. Ihre Stärke erwuchs aus einer geordneten Gesellschaft mit Verhaltensregeln für Männer und Frauen. Männer waren die Jäger und Krieger, die Ernährer und Beschützer. Frauen waren der Mittelpunkt der Familie und die ersten Lehrerinnen der Kinder. Man lehrte die Kinder früh, dass alles und alle einen Platz und eine Bestimmung hatten. Die Alten wurden als Quelle von Wissen und Weisheit geehrt. Jeder behandelte die Alten höflich und respektvoll.

Doch in einem Dorf, dessen Wigwams entlang des Bad River standen, gab es einen Jungen, der all die Lektionen, die er erhalten hatte, missachtete. Er hieß White Wing. Er war ein großer, gut aussehender Junge an der Schwelle zum jungen Mann, das einzige Kind von Bear Eyes und Walks Far Woman. Wie alle Lakota-Eltern waren sie in den Jungen vernarrt gewesen und hatten ihn gelehrt, ein guter und mitfühlender Mensch zu sein. Doch er war etwas eitel, und das kam vielleicht daher, dass er größer und stärker war als die anderen Jungen seines Alters. Dinge, die andere Jungen nur mit Mühe lernten und beherrschten, waren White Wing leichtgefallen. Immer häufiger ging er mit hoch erhobenem Kopf durch das Dorf und wusste, dass er im Mittelpunkt der Aufmerksamkeit stand.

Die zunehmende Überheblichkeit von White Wing bot Anlass zur Sorge, denn sein Vater war der Anführer der Krieger und das Oberhaupt der Red Hand Warrior's Society, der in der Schlacht verwundeten Krieger. Bear Eyes war ein gerechter und bescheidener Mann, und die meisten Leute wunderten sich, dass ausgerechnet sein Sohn zu Eitelkeit und Überheblichkeit neigte. Sie flüsterten hinter vorgehaltener Hand über White Wing und fragten sich, was Bear Eyes wegen seines Sohnes unternehmen werde.

Bear Eyes und Walks Far Woman hatten aber bereits entschieden, was sie tun würden. Eines Morgens besuchte der Anführer der Krieger einen alten Mann: einen Witwer und den einzigen Medizinmann des Dorfes. Der alte Mann hieß Grasshopper. In vielen Dörfern kursierten Geschichten über diesen geheimnisvollen, beinahe blinden Medizinmann. Vieles davon war Klatsch, doch jeder wusste, dass niemand klüger, schlauer und gerissener war als der alte Grasshopper.

Ein paar Tage nach dem Besuch brachte Bear Eyes seinen Sohn zum Wigwam des alten Medizinmannes. Zu White Wing sagte er, Grasshopper brauche seine Hilfe. An einem flachen, kalkhaltigen Fluss im Süden lagen besondere, vom Wasser geformte Steine, die der alte Medizinmann ins Dorf bringen und bei einer Zeremonie in der Schwitzhütte verwenden wollte. Wie jeder weiß, wurden die Steine in einer großen Feuergrube erhitzt und in die Grube in der Mitte der halbkugelförmigen Schwitzhütte gelegt. Ein Medizinmann goss Wasser darüber, sodass Dampf zur Reinigung der Teilnehmer aufstieg. White Wing hatte schon oft an Zeremonien in der Schwitzhütte teilgenommen. Er wusste, Grasshoppers Bitte war gleichbedeutend mit einem Auftrag. Und da er seinen Vater nicht durch eine Weigerung verstimmen wollte, erklärte er sich bereit, dem alten Mann zu helfen, die Steine zu sammeln und ins Dorf zu bringen. Als der nächste Morgen am östlichen Horizont heraufdämmerte, waren Grasshopper und White Wing unterwegs. Grasshopper hatte keine Waffen bei sich; er benutzte nur einen Gehstock und trug ein Elchfell, eine Wasserflasche, einen Beutel voller Dinge, die der Junge nicht sehen konnte, und einen zusammengerollten Beutel aus gegerbter Elchhaut für die Steine. White Wing hatte seine eigene Wasserflasche, einen Beutel mit Essen, einen Bogen, einen Köcher mit Pfeilen, einen Speer und eine Decke aus Hirschfell.

Da der Medizinmann alt war und schlecht sah, kamen sie nur langsam vorwärts. Der Junge unterdrückte seine Ungeduld. Am ersten Abend sammelte er Holz, entzündete ein Feuer und teilte sein *wasna* – eine Mischung aus getrocknetem Bisonfleisch und zermahlenen Traubenkirschen sowie Talg, das heißt ausgelassenem Fett – mit seinem Begleiter.

»Es wäre schön, frisches Fleisch zu haben«, sagte der alte Mann, als die Sonne unterging und das Feuer verglühte. »Vielleicht kann mein Enkel morgen ein oder zwei fette Präriehühner schießen. Die beste Zeit, um sie zu jagen, ist kurz vor Sonnenaufgang.« White Wing stand pflichtbewusst, wenn auch leicht genervt vor Sonnenaufgang auf und ging zu einer nahegelegenen Niederung. Dort wartete er, bis die Hähne zu tanzen begannen, auf die Erde stampften und mit einer Art Trommelgeräusch die Flügel stellten. Der Junge kroch durch das Gras, bis er nahe genug für einen Schuss war, und erlegte erfolgreich zwei Vögel.

Grasshopper ließ sich die gebratenen Präriehühner unter lautem Schmatzen schmecken, sammelte dann unvermittelt seine Habe ein und machte sich auf den Weg. Für einen beinahe Blinden schien er erstaunlich genau zu wissen, wohin er ging. White Wing löschte eilig das Feuer, packte seine Sachen zusammen und folgte dem alten Mann. Nachdem sie noch drei Tage so gewandert waren, stiegen sie in ein weites Tal hinab und schlugen ihr Lager nahe dem Zusammenfluss zweier Flüsse auf. Einer der beiden war der flache mit dem kalkigen Wasser. Grasshopper gab zu verstehen, dass die Steine, die er brauchte, flussaufwärts zu finden seien, westlich der Stelle, an der die Flüsse sich trafen.

»Ich werde hier warten«, sagte er zu dem Jungen. »Du wirst morgen die Steine sammeln. Ich brauche vier, so rund wie der Mond, und jeder muss größer sein als der vor ihm. Leg sie hier hinein.« Er warf White Wing den Beutel aus Elchhaut zu.

»Es ist noch hell«, widersprach der Junge. »Ich werde gleich gehen und die Steine holen.«

»Nein«, erwiderte der alte Mann. »Ich habe Hunger auf Fisch. Im Fluss gibt es große schwarze Fische mit Bartfäden. »Erlege uns einen mit dem Speer.«

Der Junge gab sich keine Mühe, seinen Ärger über den alten Mann zu verbergen, und stapfte mit seinem Speer davon. Kurz vor Sonnenuntergang kam er mit einem großen schwarzen Fisch mit Bartfäden (einem Wels) zurück. Unter Protestgemurmel nahm er den Fisch aus, spießte ihn auf grüne Zweige und hängte ihn über das Feuer. Der alte Mann schien den Unmut des Jungen nicht zu bemerken. Er saß mit geschlossenen Augen da und sang ein Lied für die Geister.

Im Grunde sprach der alte Mann den ganzen Abend überhaupt nicht mit dem Jungen, außer als er sich dafür bedankte, dass er den Fisch gefangen und zubereitet hatte. Als es dunkel wurde, richtete er sich einen Schlafplatz her und rollte sich unter der Elchhaut zusammen. White Wing saß allein, sah zu, wie die Sterne aufgingen, und lauschte den Eulen, den bellenden Kojoten, dem gelegentlichen Gebrüll eines Bisonbullen und dem melodischen Gesang der Wölfe. Er war noch nie allein weit weg von zu Hause gewesen. Er zog seine Waffen enger an sich. Sein Vater hatte erwähnt, dass die Gegend für ihre Bären bekannt war – die mächtigen Bären mit einem Buckel, die größer waren als ein erwachsener Mann. Er hätte ebenso gut allein sein können, dachte er. Der alte Mann wäre keine Hilfe, wenn ein Bär auftauchte. Der Junge sammelte eilig mehr Holz und beschloss, das Feuer die ganze Nacht nicht ausgehen zu lassen.

Als er am nächsten Morgen erwachte, hörte er, wie der Medizinmann ein Sonnenaufgangslied sang. Später aßen sie, was vom Fisch übrig geblieben war.

»Ich werde hier warten, während du die Steine sammelst. Wenn du damit zurückkommst, machen wir uns auf den Rückweg«, sagte Grasshopper zu dem Jungen.

Etwas vor sich hin murmelnd griff der Junge nach dem Elchlederbeutel und machte sich auf den Weg zum Fluss mit dem kalkweißen Wasser. Es dauerte nicht lange, bis er die Flussbiegung fand, von der der alte Medizinmann gesprochen hatte. Und in dem alten, ausgetrockneten Flussbett lagen zahllose Steine. Grasshoppers Beschreibung der Steine, die er haben wollte, war etwas verwirrend, doch sie zu finden war nicht schwer. Bald hatte der Junge die vier Steine ausgesucht und machte sich auf den Rückweg zum Lager.

Grasshopper öffnete den Beutel, warf einen kurzen Blick auf die Steine und sagte: »Gut. Jetzt gehen wir nach Hause. Aber wir werden zuerst nach Westen gehen. Dort ist ein enges Tal mit einem Bach, und auf dem Talboden wächst dichtes Bisongras. Ich will so viel davon sammeln, wie wir tragen können.«

White Wing seufzte. Er konnte es kaum erwarten, nach Hause zu gehen, allerdings nicht auf dem langen Weg. Während sie ihre Dinge einsammelten und das Lager abbrachen, dachte er daran, einen direkteren Weg zurück zum Dorf zu nehmen. Aber er wusste, sein Vater würde ungehalten sein, wenn er ohne den alten Mann zurückkäme. Also stapfte der große, gut aussehende Junge, der bald ein Mann sein würde, schmollend vor sich hin und fragte sich, wozu alte Menschen gut waren.

Am zweiten Tag wünschte sich der alte Mann wieder frisches Fleisch, diesmal Hirsch. White Wing durchstreifte lustlos beinahe einen halben Tag lang eine Senke. Er schreckte einen Hirsch von seinem Lager auf, doch der sprang mit großen Sätzen davon und war bald außer Reichweite des Bogens. Zumindest, so sagte sich White Wing, hatte er es versucht.

Als er zum Lager zurückkam, briet der alte Mann zwei Kaninchen über dem Feuer. »Sie müssen so blind sein wie ich«, scherzte der alte Mann. »Sie haben sich in ein paar Schlingen gefangen, die ich am Bach gelegt hatte.« Er verlor kein Wort darüber, dass der Junge mit leeren Händen zurückgekommen war.

White Wing aß missmutig und hoffte, die nächsten zwei oder drei Tage würden schnell vorbeigehen. Am Nachmittag des nächsten Tages konnte er seinen Ärger und seine Ungeduld nicht länger unterdrücken. Trotz des schweren Beutels mit den Steinen ging er schneller und schneller, wohl wissend, dass der alte Mann nicht mit ihm

Schritt halten konnte. Gegen ein bisschen Spaß ist nichts einzuwenden, dachte er und überlegte, was der alte Mann wohl tun werde, wenn er plötzlich feststellte, dass er allein war.

Auf dem Kamm eines niedrigen Hügels blieb White Wing stehen und blickte zurück. Der alte Mann trottete mit seinem Stock dahin. Der Junge beschloss, zum nächsten Hügel zu laufen. Das neue Spiel, den alten Mann zu necken, gefiel ihm. Er erreichte den Hügel und begann den Hang hinunterzugehen, um am Bach zu trinken. Den Bären sah er erst, als er beinahe mit ihm zusammengestoßen wäre.

Das Tier stand bereits auf den Hinterbeinen. Es war tiefbraun und wirkte doppelt so groß wie ein erwachsener Mann. White Wing hörte ein leises, neugieriges »Wuff«, ließ den Beutel mit den Steinen fallen und blieb ein paar Herzschläge lang wie angewurzelt stehen.

Der Bogen befand sich ungespannt in seiner Hülle, der Speer war vergessen. White Wing hatte noch nie einen solchen Augenblick erlebt. Beim nächsten Herzschlag rannte er so schnell er konnte auf eine hohe Pappel zu. Hinter sich hörte er das Brummen des Bären und wusste, das Tier kam mit jedem Schritt näher.

Wie der Junge es auf den ersten niedrigen Ast geschafft hatte, war ihm selbst ein Rätsel. Ein Hieb der riesigen Vordertatze des Bären traf seine Wade und riss ihm den Mokassin vom Fuß. Dann hörte er das Kratzen der Krallen auf der Baumrinde. Aus der mächtigen Brust des Tieres drang ein lautes Brüllen.

Angetrieben von einer nie gekannten Angst griff White Wing nach höheren Ästen und zog sich so schnell er konnte nach oben. Unter sich hörte er das angestrengte Grunzen des kletternden Bären. Der Junge merkte nicht, dass ihm der Bogen und der Köcher mit den Pfeilen von der Schulter gerutscht waren. Er kletterte keuchend höher, bis es nicht mehr weiterging. Der Bär umkreiste inzwischen unten auf der Erde den Baum. White Wing beobachtete ihn zitternd und schwach vor Erleichterung. Er war bereit, den Tag auf dem Baum zu verbringen, aber dann dachte er an den alten Mann, der vermutlich immer noch in Richtung Bach unterwegs war und nichts von dem wütenden Bären ahnte. Selbst wenn er etwas bemerkt haben sollte, so konnte er doch weder weiter sehen, als sein ausgestreckter Arm reichte, noch durfte er hoffen, so schnell zu rennen, dass er dem Bären entkam.

Zum Entsetzen des Jungen richtete sich die Aufmerksamkeit des Bären plötzlich nicht mehr auf den Baum. White Wing blickte das enge kleine Tal entlang und sah, dass Grasshopper sich mit seinem Stock den Weg ertastete. Unten vor dem Baum richtete sich der Bär auf die Hinterbeine auf, ließ sich wieder auf die Vorderpfoten fallen und trottete in Richtung des alten Mannes. Der Junge senkte den Kopf; er mochte gar nicht hinsehen. Er konnte sich leicht vorstellen, was geschehen würde, wenn der riesige Bär den hilflosen alten Mann erreichte.

White Wing saß im Baum und wartete darauf, zu hören, wie der Bär den Medizinmann zerfleischte. Er hatte noch nie gesehen, wie ein Bär ein Lebewesen, sei es Tier oder Mensch, angriff, doch er kannte die Geschichten der Jäger. Einer von ihnen hatte beobachtet, wie ein Bär eine junge Elchkuh verfolgt und schließlich gepackt hatte.

Plötzlich wurde dem Jungen bewusst, dass alles still war. Kein Vogel sang. Selbst der sanfte Wind hatte sich gelegt. Durch die Zweige sah er, dass der Bär und der alte Medizinmann sich gegenüberstanden. Grasshopper griff in seinen Beutel, nahm etwas heraus und hielt es dem Bären entgegen. Der Bär reagierte seltsam. Nach einem Augenblick wich er zurück, und wenig später machte er kehrt, überquerte den Bach, setzte mit großen Sprüngen über eine Lichtung und verschwand in einem Wäldchen. Von seinem Aussichtspunkt im Baumwipfel beobachtete White Wing, wie der Bär über einen Hügel trottete und verschwand.

White Wing kletterte vom Baum herab. Er schämte sich nicht wenig, weil er nicht in der Lage gewesen war, dem alten Mann zu helfen.

»Großvater«, rief er, als er den alten Mann erreichte. »Du bist unverletzt. Der Bär hat dich nicht angegriffen.«

Der alte Mann nickte und lächelte. »Es ist ein guter Tag«, sagte er.

»Was hast du getan?«, wollte der Junge wissen.

»Ich habe dem Bären zu denken gegeben«, erwiderte der Medizinmann. »Hast du den Beutel mit den Steinen?«

»Nein, Großvater«, sagte der Junge. »Ich habe sie fallen lassen. Meinen Bogen und den Speer auch.«

»Suchen wir deine Sachen und die Steine. Dann können wir Feuer machen und etwas essen.«

»Aber der Bär«, erwiderte White Wing aufgeregt. »Vielleicht kommt er zurück.«

»Nein«, sagte der alte Mann lächelnd. »Ich glaube, er wird nicht mehr in unsere Nähe kommen.«

Wie sich herausstellte, waren sie nicht weit von dem kleinen Tal entfernt, wo das Büffelgras wuchs. Die leichte Brise trug seinen süßen Duft zu ihnen herüber. Grasshopper bestand darauf, dass sie etwas aßen, und bald brannte ein Feuer. White Wing sammelte einen großen Berg Brennholz; er war nicht ganz sicher, dass der Bär, besonders während der Nacht, fernbleiben würde.

Der alte Mann bereitete Tee zu. Er erhitzte eine Handvoll kleiner Steine im Feuer. Die heißen Steine legte er in das Wasser seines Bechers aus Bisonhorn und gab trockene Minzblätter dazu. Nachdem sie die letzten Reste ihres getrockneten Bisonfleisches gegessen hatten, schwieg Grasshopper und schien auf einen Punkt in der Ferne zu starren, den nur er sehen konnte. White Wing wartete; er wusste instinktiv, dass etwas geschehen würde. Er musste nicht lange warten.

»Zeig mir die Steine im Beutel«, sagte der alte Mann.

White Wing öffnete den Beutel und nahm die Steine heraus.

»Leg sie in einer geraden Linie auf die Erde«, wies Grasshopper ihn an. »Zuerst den kleinen, dann den nächst größeren. Der größte muss der letzte sein.«

Der Junge tat wie geheißen. Die vier Steine lagen in einer geraden Reihe vom kleinsten bis zum größten im Gras.

Der alte Mann räusperte sich. »Ich bin froh, dass du schöne runde Steine gewählt hast«, sagte er. »Denn so ist das Leben. Das Leben ist ein Kreis wie all diese Steine. Sieh dir die Sonne an. Sie ist rund, ein Kreis, ebenso wie der Mond. Wirf einen Stein in einen Teich, und du siehst, wie sich Kreise bilden. Die Jahreszeiten bilden einen Kreis: Winter, Frühling, Sommer und Herbst … immer und immer wieder. Wenn wir beten, wenden wir uns zuerst in Richtung Westen, wo die großen Mächte leben; dann wenden wir uns nach Norden, nach Osten und nach Süden. Wir erweisen all unseren Verwandten Respekt, indem wir uns in einem Kreis bewegen.«

Der Junge hörte zu. Er wusste das alles, denn die Alten sagten alle solche Dinge.

»Nimm den kleinsten Stein in die Hand«, sagte der alte Mann.

White Wing tat es.

»Sogar das Leben eines jeden von uns ist ein Kreis«, fuhr Grasshopper fort. »Zuerst sind wir alle wie der Stein in deiner Hand – klein, denn als Säuglinge wissen wir nichts und sind in allen Dingen von unserer Familie abhängig.« Er wies auf den nächsten Stein, der ein wenig größer war als der erste. Der Junge hob ihn auf und legte den anderen zurück.

»In unserer Kindheit – sie ist der nächste Stein – lernen wir am meisten, denn alles, was wir lernen, ist neu für uns. Unsere Eltern und Großeltern und alle Menschen im Dorf lehren uns, wie wir uns verhalten sollen, wo unser Platz ist und wie die Dinge zu tun sind, die das Leben für uns angenehm und sicher machen. Auf diesem Platz bist du.«

Er wies auf den nächsten Stein, der wiederum etwas größer war als der zweite.

»Das sind wir als Erwachsene. Unser Körper hat seine endgültige Größe erreicht. Als Erwachsene fangen wir an, Wissen aufzubauen, unseren Platz im Dorf einzunehmen und die Dinge zu tun, die wir für die Familie tun müssen. Wir gründen eine eigene Familie. Wir jagen, und wenn es sein muss, kämpfen wir. Auf diesem Platz sind deine Mutter und dein Vater. Jetzt nimm den vierten Stein hoch.«

White Wing griff nach dem vierten Stein.

»Nimm die ersten drei in die andere Hand«, sagte der Medizinmann.

White Wing tat wie ihm geheißen.

»Der vierte Stein ist schwerer als die anderen drei zusammen«, erklärte Grasshopper.

Der Junge stellte erstaunt fest, dass das stimmte.

»Der vierte Stein ist der letzte Teil unseres Lebens, wenn wir uns darauf vorbereiten, den Kreis unseres Lebens zu vollenden. Unsere Körper werden schwächer, aber wir haben viel getan und gelernt. Wie dieser Stein sind wir schwer von Wissen, und wir werden weise.«

»Da bist du, Großvater«, sagte der Junge schüchtern.

»Ja, ich bin im letzten Teil meines Lebens. Ich kann nicht mehr die Dinge tun, die ich als junger Mann getan habe, aber ich habe Dinge gelernt. Jetzt ist es meine Verantwortung, das Geschenk zurückzugeben, das mir vom Leben gemacht worden ist.«

»Was ist das, Großvater?«, wollte der Junge wissen.

»Weisheit. Deshalb haben deine Mutter und dein Vater mit mir gesprochen. Sie wollen, dass du das Richtige lernst, damit du ein guter Mensch wirst. Also habe ich auf unserer gemeinsamen kleinen Reise beobachtet und nachgedacht. Ich habe entschieden, was du lernen sollst.«

»Ich höre, Großvater«, flüsterte White Wing, denn er fürchtete sich vor dem, was der Medizinmann gleich sagen würde.

»Es ist schwierig, die Stille zu überhören«, sagte der alte Mann.

Der Junge nickte höflich, aber er war verwirrt. Er hatte keine Ahnung, was der Satz bedeutete. Es vergingen ein paar Augenblicke, bevor der alte Mann weitersprach.

»Du fragst dich, warum der Bär mich nicht angegriffen hat.«

»Ja, Großvater«, sagte der Junge.

Der alte Mann lächelte, griff in seinen Beutel und brachte eine hölzerne Ampulle zum Vorschein. Er zog den Stöpsel heraus und hielt dem Jungen die geöffnete Ampulle entgegen. Sofort stieg White Wing der scharfe, stechende Geruch eines Stinktiers in die Nase, und er fuhr zurück. Der alte Mann steckte die Ampulle wieder weg und lachte leise. »Ich konnte den Bären nicht richtig sehen«, sagte er. »Aber ich glaube, er war alt, vielleicht so alt wie ich. Die Bärennase kann über große Entfernung hinweg riechen. Sie kann Dinge unter Steinen und sogar Wurzeln in der Erde riechen. Das Sekret eines Stinktiers kann für die Nase eines Bären sehr schmerzhaft sein, und dieser Bär hat wahrscheinlich einmal ein Stinktier angegriffen. Er hat das nie vergessen, und das war mein Glück. Wäre es ein junger Bär gewesen, der keine Ahnung von Stinktieren hat, wäre es anders ausgegangen. Mein Großvater hat mich gelehrt, eigens für Bären eine kleine Ampulle Skunköl bei mir zu tragen.«

Ein paar Tage später endete ihre Reise. Der alte Medizinmann und der Junge kamen mit Bündeln von Bisongras und einem Beutel mit Steinen nach Hause. Grasshopper sagte dem Jungen, er solle die Steine als Erinnerung an die Reise aufbewahren. Später im Herbst zeigte er dem Jungen, wie man ein Stinktier fängt und das Öl aus den Drüsen des Tieres entnimmt, damit er seine eigene Ampulle mit Skunköl bei sich tragen konnte.

Hin und wieder dachte White Wing über die Worte des alten Mannes nach: »Es ist schwierig, die Stille zu überhören.« Ihm fiel auf, dass die Menschen sich häufig in der Landschaft umsahen und zum Himmel aufblickten, wenn eine Brise erstarb oder der Wind sich legte. Wenn White Wing sich manchmal allein in einem Flussbett befand oder draußen in der offenen Prärie, gab es Augenblicke, in denen vollkommene Stille herrschte: kein Wind, kein Vogelruf, kein Pfeifen eines Elchs. Nur völlige tiefe Stille. In solchen Augenblicken hielt er immer inne. Aber erst, als der Medizinmann im nächsten Frühling starb, verstand er die Bedeutung der Worte des alten Mannes.

Zum Begräbnis des Medizinmannes kamen die Menschen aus vielen Dörfern. Sie verzehrten Mahlzeiten zu seinen Ehren und sprachen über sein Leben. An dem Tag, an dem der Medizinmann auf seinem Grabgerüst an einem Hügel zur Ruhe gelegt wurde, hielt ein anderer, sehr alter Mann eine Rede. White Wing erfuhr zu seiner Überraschung, dass man Grasshopper als jungen Mann High Whirlwind genannt hatte. In seinen besten Jahren war er ein tapferer Krieger gewesen, der sich viel Ehre erworben hatte und den Respekt aller, die ihn kannten. Das war ein Teil seines Lebens, von dem der beinahe blinde, alte Mann nie gesprochen hatte.

Es ist schwierig, die Stille zu überhören.

White Wing wusste, was das bedeutete. Im Laufe der Jahre suchte er das Begräbnisgerüst des alten Mannes so oft auf, wie er konnte. Und mit den Jahren entwickelte er sich zu einem ruhigen Mann voller Mitgefühl, wie seine Mutter und sein Vater es sich erhofft hatten.

Gespräche alter Männer

In den 1950er-Jahren hörte ich einmal, wie sich im Rosebud-Sioux-Reservat ein paar alte Männer über die Vergangenheit unterhielten. Das taten die Menschen ihrer Generation häufig, denn ihre

Großeltern, die in den sechziger Jahren des 19. Jahrhunderts geboren wurden, hatten als Letzte das Nomadenleben geführt, das in der Zeit vor der Einrichtung der Reservate im Jahr 1881 durch die amerikanische Regierung üblich gewesen war. Bei solchen Gesprächen wurde die Vergangenheit immer wieder mit der Gegenwart verglichen. Verständlicherweise schwangen dabei immer eine gewisse Wehmut und ein Bedauern mit.

Diese Unterhaltung fand an einem Sonntagnachmittag nach dem Gottesdienst in einer Episkopalkirche statt. Die Kirche stand im nördlichen Teil des Reservats in einer ländlichen Gegend an einem Highway, sechs Meilen von der nächsten Stadt entfernt. Die Gemeinde bestand nur aus Lakota, und die Mitglieder hatten sich zu einem Picknick an einem Blockhaus nahe der Holzkirche versammelt. Ich erinnere mich, dass alles recht förmlich und gedämpft zuging, bis der weiße Episkopalgeistliche gegessen hatte und sich verabschiedete. Danach begannen alle möglichen Aktivitäten und Unterhaltungen. Auf einem Feld spielten eine Gruppe Teenager und junge Männer ein Spiel, das Lacrosse (ein Mannschaftssport mit einem Hartgummiball und Schlägern) ähnelte. Die Frauen bildeten eigene Gruppen, und überall waren kleine Kinder. Ich blieb bei meinem Großvater und einer Gruppe alter Männer, die im Schatten einer Pappel saßen und das Geschehen um sie herum beobachteten.

Einer der Männer sprach davon, dass es in früherer Zeit nur Pferde anstelle von Autos gegeben hatte und Wigwams aus Büffelhaut anstelle von Blockhäusern. Jemand erklärte, dass manche der heutigen Lakota-Kinder ebenso fließend »Weißer Mann« (das heißt Englisch) sprachen wie Lakota. Alle alten Männer waren sich darin einig, dass Weißer Mann zu sprechen ein Überlebensmechanismus war, nachdem sich für uns die »Dinge geändert hatten«. Damit meinten sie, dass die Weißen die Kontrolle hatten und dass es notwendig war, ihre Sprache zu sprechen.

Etwas später klagte ein anderer der Großväter, der Verlust der Fähigkeit, Lakota zu sprechen, bedeute den Verlust von Bräuchen und Traditionen der Lakota, all der Dinge, die uns als Volk zu dem machten, was wir waren. Beinahe dreißig Jahre später begriff ich, dass die alten Männer von nichts anderem sprachen als davon, wie eine Kultur – in diesem Fall die Kultur der Lakota – von Umständen und Ereignissen verwandelt wird, die sich ihrer Kontrolle entziehen.

Ich weiß jetzt, dass das *kulturelle* Gedächtnis der Mechanismus ist, durch den alle Aspekte der Kultur, alles, was eine Gruppe Menschen als eine eigenständige Gesellschaft oder Nation kennzeichnet – Sprache, Bräuche, Traditionen, Geschichte, Mythen, Legenden und Glaubensvorstellungen – von einer Generation an die nächste weitergegeben wird. Ich weiß auch, dass der Wandel, der die alten Männer so ratlos machte, Auswirkungen auf das kulturelle Gedächtnis der Lakota hatte.

Einer der Männer sagte, die Veränderungen, die das Volk der Lakota zwischen den fünfziger Jahren des 19. und den fünfziger Jahren des 20. Jahrhunderts erlebt hatten, seien wie der Lichtkreis einer Fackel oder der Strahl einer Taschenlampe, der sich durch das Dunkel bewegt. Alle alten Männer, auch mein Großvater mütterlicherseits, stimmten diesem Vergleich zu. Sie waren sich einig, dass als Folge von schwierigen Veränderungen innerhalb von zwei oder drei Generationen das kulturelle Gedächtnis an einem dünnen Faden am Rand dieses Lichtscheins hing. Sobald das Licht sich weiterbewegte, blieben viele Dinge im Dunkeln zurück.

Einer der alten Männer führte die Analogie noch einen Schritt weiter; ich habe diesen Gesichtspunkt nie vergessen. Er benutzte die steinerne Pfeilspitze als Musterbeispiel dafür, wie der Wandel uns und die Dinge, Glaubensvorstellungen und Institutionen, die mit unserer Identität einhergehen, verändert.

Die Spitzen von Waffen, einschließlich der Pfeilspitzen, sind seit Zehntausenden (vielleicht seit Hunderttausenden) von Jahren Teil des Waffenarsenals der Menschen – seit so langer Zeit, dass die zur Herstellung von Waffenspitzen erforderlichen Fertigkeiten gewissenhaft und methodisch von einer Handwerkergeneration an die nächste weitergegeben wurden. Zum Können bei der Anfertigung von Pfeilspitzen aus Stein gehörten neben dem Wissen, welche Art Stein sich dafür eignete, die Kenntnis der Gesteinsäderung, der Herstellung und des Gebrauchs der richtigen Bearbeitungswerkzeuge und das Wissen, wie man den Stein spaltete, um Splitter zu erzeugen, sowie die Beherrschung der entsprechenden Schlag- und Drucktechniken.

Bei den Lakota fand die Herstellung von steinernen Pfeilspitzen um 1840 ein plötzliches Ende, nachdem sie und andere Völker der nördlichen Prärien dauerhaft Zugang zu Gusseisen hatten. Eisen kam in Form von Messern, Werkzeugen und Kochutensilien wie Töpfen und Pfannen zu ihnen. Diese Dinge wurden hauptsächlich durch Handel mit aus Europa stammenden Amerikanern erworben. Beinahe gleichzeitig setzte sich die Erkenntnis durch, dass sich Eisen bei der Herstellung traditioneller Lakota-Waffen benutzen ließ – genauer gesagt, für die Spitzen von Speeren und Pfeilen. Der Wechsel des Materials war verständlich, denn Eisen ist haltbarer als Stein. Außerdem war es mit den richtigen Werkzeugen möglich, Pfeilspitzen schneller aus Eisen herzustellen als aus Stein.

Innerhalb weniger Jahre waren die meisten Jäger/Krieger der Lakota zur ausschließlichen Verwendung von Eisen für Speer- und Pfeilspitzen sowie für Messerklingen übergegangen. 1865 stand so viel Eisen zur Verfügung, dass die Jungen die Herstellung von Steinspitzen nicht mehr lernen mussten. Mitte der 1870er-Jahre fehlten bereits der zweiten Generation männlicher Lakota die Kenntnisse für die Fertigung von Steinspitzen. Das Wissen war nur noch in den alten Jägern/Kriegern lebendig, die diese uralte Kunst als junge Männer erlernt hatten. In den frühen Jahren des 20. Jahrhunderts war diese Kunst zusammen mit den letzten alten Lakota-Männern aus der Zeit vor der Einrichtung der Reservate weitgehend ausgestorben.

Der alte Mann, der den Vergleich anstellte, hatte die fast vergessene Kunst, Pfeilspitzen aus Stein herzustellen, von seinem Vater gelernt. Er, der Sohn, fertigte weiterhin steinerne Spitzen an, um damit zu sagen, dass dieses Können nicht völlig ausgestorben war, und er bot an, jeden darin zu unterrichten, der es lernen wollte. Leider machten nur wenige Gebrauch von seinem Angebot. Die Einrichtung von Reservaten und die dramatische Veränderung des Lebensstils der Lakota drängten Pfeilspitzen aus Stein und die zu ihrer Herstellung nötigen Fertigkeiten an den verschwommenen Rand des kulturellen Bewusstseins. Und unvermeidlich verloren sie sich im Dunkel außerhalb des Lichtscheins dieses Bewusstseins.

Kulturen wandeln sich wie Menschen in den meisten Fällen durch einen Wechsel der Umstände. Diese Veränderung kann bedeuten, dass sich die Kultur zu etwas Besserem oder Stärkerem entwickelt, oder es kann das Gegenteil geschehen. Ich glaube, die alten Männer, denen ich an jenem Tag in den 1950er-Jahren zuhörte, waren nicht davon überzeugt, dass ihr Volk eine gute Veränderung durchlebte. Sie waren nicht sicher, dass die Lakota durch den Kontakt mit den aus Europa stammenden Menschen, die sich Amerikaner nannten, als Volk stärker oder besser würden. Und sie machten sich Sorgen, denn der Kontakt war nicht unkompliziert. Die Lakota lebten und handelten unter der Kontrolle der Weißen (der Regierung der USA). Ihre grundsätzliche und größte Sorge war, dass die Lakota ihre Identität verloren, weil die Regierung und die christlichen Missionare alles daransetzten, den Lakota ihre Kultur zu rauben. Die Ältesten der Lakota wussten: Wenn die innere Kraft eines Menschen oder einer Kultur geschwächt ist, wird er/sie verwundbar. Und Verwundbarkeit hat nicht immer positive Folgen. In diesem Fall kam es den alten Männern so vor, als könnten ihre Kinder und Enkel (sowie nachfolgende Generationen) ihre Kultur nicht bewahren.

Der Kulturwandel der Lakota setzte in den vierziger Jahren des 19. Jahrhunderts mit der ersten Generation der Lakota ein, die in ständigem Kontakt mit den aus Europa stammenden Menschen, die sich Amerikaner nannten, standen. Der Kontakt begann einfach und unspektakulär mit einem wesentlichen Grund für menschliche Interaktion: dem Handel. Der offenkundige Nutzen für die Lakota war Bequemlichkeit. Einige der Waren, die sie bekamen, etwa Stoff und Leinwand, ersparten ihnen Zeit und Arbeit. Die Verfügbarkeit von Stoff bedeutete, es war nicht länger notwendig, Hirsche zu jagen, zu häuten und die Häute für die Anfertigung von Kleidung zu gerben. In gleicher Weise ersetzte Leinwand beinahe sofort die Bisonhäute als Material beim Bau von Wigwams; das bedeutete, die Frauen mussten nicht mehr viele Tage mit der Verarbeitung grüner (roher) Bisonhäute und weitere Tage mit dem Zusammennähen verbringen. Eine ungegerbte Bisonhaut wog bis zu neunzig Kilogramm. Ein Ballen Leinwand war sehr viel leichter und konnte sofort benutzt werden.

Andere Dinge wie Bratpfannen und Kessel erleichterten das Kochen. Mit Feuerstein und Feuerstahl ließen sich Feuer schneller entzünden als mit dem Feuerbohrer und -bogen. Stahlnadeln hielten länger als die Nadeln aus Knochen oder Geweihspitzen. Glasperlen bedeuteten, dass die Frauen nicht länger die Stacheln des Stachelschweins sammeln, trocknen und färben mussten, um Kleidungsstücke oder andere Dinge zu schmücken.

Genau genommen bedeutete der Handel mit den Weißen, dass es nicht mehr nötig war, arbeitsintensive, zeitraubende Arbeiten auszuführen, nur um ein allgemein gebräuchliches Werkzeug, Utensil oder Kleidungsstück zu haben. Als genügend Lakota die Vorteile der Beziehung zu den aus Europa stammenden Menschen, die sich Amerikaner nannten, erkannten, hatte der kulturelle Wandel der Lakota bereits eingesetzt.

Nachdem die Menschen es für vertretbar hielten, die *Dinge* der Weißen zu benutzen, war der Widerstand mancher gegen die *Gewohnheiten* der Weißen geschwächt. Die Meinung, sie seien vielleicht gar nicht so schlecht, verbreitete sich und schuf eine gute Gelegenheit für christliche Missionare. Doch nicht nur die Herzen, der Geist und die grundsätzlichen spirituellen Vorstellungen der Lakota standen vor einem Wandel. Ihr Land tat es ebenfalls. Ende der 1840er-Jahre und in den frühen 1850er-Jahren baten weiße Einwanderer, die auf dem Oregon Trail von Missouri in Richtung Westen nach Oregon zogen, den Kongress um Schutz. Der Weg führte durch den Süden des Lakota-Territoriums. Die Ängste der Siedler waren in erster Linie eine Folge ihrer eigenen Einstellung und ihres Verhaltens gegenüber der indianischen Bevölkerung, und sie wurden geschürt durch Konfrontationen mit den Lakota, die sie selbst angezettelt oder heraufbeschworen hatten. Ihr Hilferuf jedoch führte 1851 zum Vertrag von Fort Laramie. Die weißen »Friedenskommissare« der amerikanischen Regierung zogen willkürliche Grenzlinien, die die Territorien der Lakota, der Dakota und der Nakota absteckten. Von den neuen Grenzziehungen waren auch andere Stämme betroffen.

Die Weißen oder Langmesser, wie die Lakota sie nannten, wichen von ihrer Festlegung des Territoriums der Lakota nie ab.

Daher war der Wandel der Lakota in den 1850er-Jahren bereits an mehreren Fronten im Gange. In den fünfziger Jahren des 20. Jahrhunderts hatten mindestens drei Generationen der Lakota nur ein Leben unter der Kontrolle und dem Einfluss der Weißen gekannt. Die Gespräche der alten Männer über die Veränderung der Lakota fanden denn auch nach einem christlichen Gottesdienst statt.

In Gesprächen wie diesen kam eine große Wehmut zum Ausdruck, eine Sehnsucht, dass die Dinge im Leben der Männer anders wären. In solchen Augenblicken schwang immer die Trauer darüber mit, dass sich die Männer die Veränderung, mit der sie sich herumschlugen, nicht ausgesucht hatten. Ich erinnere mich an viele solcher Augenblicke in meiner Kindheit. Doch ich spürte, dass diese alten Männer (und Frauen) sehr viel trauriger um ihrer Kinder und Enkel willen waren als ihrer selbst wegen. Wir in den folgenden Generationen würden nie wissen, wie es in alter Zeit gewesen war. Wir würden nur die volle Wucht des Wandels spüren, den die Veränderung mit sich brachte, die unserer Kultur aufgezwungen worden war. Da wir keinen Platz in der Vergangenheit hatten, würde das Gefühl unserer Identität als Volk der Lakota leiden.

Viele der Großväter, mit denen ich an jenem Sonntagnachmittag zusammensaß, hatten – wenn nicht an diesem Tag, dann bei einer anderen Gelegenheit – ihre tiefe Besorgnis im Hinblick auf die Zukunft der Lakota als Volk geäußert. Sie wussten, dass Veränderung ein Teil des Lebens, eine unvermeidliche Realität ist, und dass sie meist einen unerwarteten oder unerwünschten Wandel nach sich zieht. Wegen der unmittelbaren Wirkung dieser Veränderung auf die Generation der eigenen Großeltern machten sie sich Sorgen über die Folgen der von den Weißen hervorgerufenen Veränderung. Sie befürchteten, dass ihre Kinder und Enkel und die folgenden Generationen in Menschen verwandelt würden, die ihren Vorfahren kaum noch ähnlich waren. Und viele ihrer Befürchtungen haben sich bewahrheitet.

1868 stimmten viele Führer der Lakota den Bedingungen des Vertrages zu, der im Fort Laramie im Südosten des heutigen Wyoming ausgehandelt worden war. Eine der Vertragsbedingungen sah vor, dass die Lakota innerhalb der Grenzen des Großen Sioux-Reservats lebten. Dieses Gebiet umfasste im Grunde die gesamte Westhälfte des heutigen Staats South Dakota; die Ostgrenze bildete der Missouri. Sie durften weiterhin in Südost-Montana, Ost-Wyoming und Nord-Nebraska jagen. Bei den Lakota wurde der Eindruck erweckt, dieser Vertrag behalte seine Gültigkeit, »solange das Wasser fließt und das Gras wächst«.

Doch 1875 trennte eine andere »Vereinbarung« das westliche Drittel des Großen Sioux-Reservats ab – den Teil, in dem sich die Black Hills befanden. Ein Jahr zuvor, also 1874, hatte eine Militärexpedition der weißen Regierung unter Führung von Oberstleutnant George Custer von Goldfunden in den Black Hills berichtet. 1876, also zwei Jahre später, besiegten ihn die Lakota und ihre Verbündeten in der Schlacht am Little Bighorn.

Im Jahr 1877 zogen nur zwei Gruppen Lakota frei durch das Land: eine unter Führung von Crazy Horse und die andere unter Führung von Sitting Bull. In der Hoffnung, eine Konfrontation mit der Regierung der USA zu vermeiden und ein neues Leben zu finden, floh diese zweite Gruppe nach Kanada. Crazy Horse kapitulierte im Mai desselben Jahres, um weitere Leiden und Härten für die etwa neunhundert Mitglieder seines Stammes abzuwenden, bei denen es sich meist um Frauen, Kinder und Alte handelte. Sie unternahmen den dreihundert Meilen langen Treck von einem Gebiet in der nördlichen Mitte des heutigen Wyoming nach Camp Robinson, dem Armeestützpunkt im Nordwesten von Nebraska. Doch wenn sie erwarteten, der Konflikt mit der Regierung werde ein Ende finden, so hatten sie sich getäuscht.

In Lagern zu beiden Seiten von Camp Robinson kampierten bereits mindestens zehntausend Lakota. Einige ihrer Anführer, die das Militär zu »Häuptlingen« ernannt hatte, waren auf Crazy Horse neidisch. Sie fürchteten, er könne als »Häuptling« über sie alle gesetzt werden und sie würden ihren Status verlieren. Die Situation wurde dadurch verschärft, dass die Armee den Verdacht hatte, Crazy Horse wolle einen Aufstand schüren. Das Militär fürchtete ihn, weil die Schlacht von Rosebud unter seiner Führung General George Crooks Vormarsch gestoppt hatte. Ganz zu schweigen davon, dass Crazy Horse acht Tage später in der Schlacht von Little Bighorn die Streitmacht der Indianer gegen das siebte Kavallerieregiment angeführt hatte. Als Crazy Horse und seine Gruppe Mitte Mai das Lager erreichten, wurde er daher von der einen Seite mit Neid und von der anderen mit Misstrauen betrachtet, und die Situation eskalierte, angeheizt durch Gerüchte und Andeutungen. Einige Häuptlinge taten, was sie konnten, um ihn in den Augen der Indianer-Agenten (der weißen Beamten des Büros für Indianerangelegenheiten) und der führenden Armeeoffiziere zu diskreditieren.

Anfang September 1977 gab die Armee den Befehl zur Verhaftung von Crazy Horse, und man schickte Angehörige der Lakota-Polizei, um ihn festzunehmen. Nachdem er unter Bewachung nach Camp Robinson gebracht worden war, wurde Crazy Horse klar, dass er interniert werden sollte. Er setzte sich zur Wehr, es kam zu einem Handgemenge, und ein Soldat stach mit dem Bajonett auf ihn ein.

Nach der Ermordung von Crazy Horse siedelten die staatlichen Behörden – mehr aus Angst als aus logischen Erwägungen heraus – die verschiedenen Gruppen der Lakota nach Norden in die Reste des Großen Sioux-Reservats um. Die Beamten des Büros für Indianerangelegenheiten fürchteten Vergeltungsmaßnahmen für den Tod von Crazy Horse. Sie wollten die Gruppen in dem Gebiet verteilen, um den Kontakt unter ihnen auf ein Minimum zu beschränken.

Im Jahr 1889 verabschiedete der Kongress das Sioux-Gesetz, nach dem sechs verschiedene Reservate eingerichtet wurden. Den Hunkpapa wurde das Standing-Rock-Reservat im nördlichen Teil des heutigen Staates South Dakota zugewiesen. Daran grenzte im Süden das Cheyenne-River-Reservat mit den Stammesgruppen der Minneconjou, Itazipco, Sihasapa und Oohenumpa. Die Sicangu siedelten im Rosebud-Sioux-Reservat im äußersten Süden des späteren Staates South Dakota, und die Oglala zogen in das Pine-Ridge-Reservat im Südwesten. Eine Splittergruppe der Sicangu mit Namen Rosebud erhielt das Lower-Brule-Reservat; es ist bei Weitem das kleinste Reservat am Missouri. Weniger als fünfzig Jahre nach Abschluss des Vertrags von Fort Laramie im Jahr 1868 bestand das Große Sioux-Reservat nicht mehr. Gebiete, die man nicht als den Reservaten zugehörig betrachtete, wurden den Lakota genommen. Das bedeutete, sie verloren elf Millionen Morgen Land des ursprünglichen großen Reservats.

Nicht nur die ständigen Gebietsveränderungen waren traumatisch für die Lakota, sondern auch die fortgesetzten Veränderungen der Gesellschaftsstruktur. Die Regierung zwang die Kinder, Schulen innerhalb oder außerhalb der Reservate zu besuchen. Zu den Schulen außerhalb gehörte auch die Carlisle Indian Industrial School in Carlisle, Pennsylvania, mehr als tausend Meilen von den Großen Ebenen entfernt. Henry Pratt, der Direktor, war ein ehemaliger Hauptmann, dessen Devise »Töte den Indianer und rette den Soldaten« gelautet hatte. Zwei, vielleicht auch drei der alten Männer, die bei dem Gespräch an jenem Sonntagnachmittag anwesend waren, hatte man als Kinder nach Carlisle geschickt, und sie waren als zornige junge Männer nach Hause zurückgekommen. Missionare aller Glaubensrichtungen überschlugen sich in ihrem Eifer, die Seelen der Lakota zu »retten«. Das Wirken der Medizinmänner, der traditionellen Heiler und geistigen Führer der Lakota, wurde untersagt. Die Katholiken bauten in jedem Reservat Internate, in denen, wie an den staatlichen Internaten, die Sprache der Lakota nicht gesprochen werden durfte. Die Regierung verbot alle traditionellen Zeremonien, einschließlich des Sonnentanzes, des heiligsten aller Rituale der Lakota.

Vor dem Sioux-Gesetz von 1887 verabschiedete der Kongress das Dawes-Severalty-Gesetz, auch Heimstättengesetz genannt, das den Besitz von Indianerland in den Reservaten individualisierte. Es gab eine Volkszählung, und die Reservate wurden vermessen. Verheirateten Lakota-Männern teilte man 160 Morgen Land zu, ledige Männer ab achtzehn Jahren erhielten 80 Morgen. Auf freiem Land – dem Rest – durften Weiße siedeln. Bis 1910 hatte das Dawes-Gesetz in jedem Reservat in South Dakota eine neue Realität geschaffen: Grundbesitz von Weißen innerhalb der Reservatsgrenzen. Ab diesem Zeitpunkt gelangte ständig mehr Indianerland in den Besitz von Weißen. In den siebziger Jahren des 20. Jahrhunderts gehörten in vier von den fünf Bezirken des Rosebud-Reservats 40 Prozent des Landes den Lakota und 60 Prozent den Weißen. Mit dem zunehmenden Landbesitz von Weißen wurden die Reservatsgrenzen von 1881 enger. Heute umfasst das Rosebud-Sioux-Reservat nur noch ein Fünftel seiner ursprünglichen Fläche, und seine Grenzen decken sich mit denen eines der siebenundsechzig Bezirke des Staates.

In den Jahren 1889 und 1890 kam es zu einer öffentlichen und tragischen Reaktion auf die erzwungene Veränderung: das Auftauchen des Geistertanzes. Allgemein spricht man von einem »Aufstand«. Dieses Etikett mag semantisch korrekt sein, doch der Geistertanz begann nicht als Aufstand. Die Behörden verstanden das Phänomen von Anfang an vollkommen falsch und betrachteten den Geistertanz als etwas Kriegerisches. Was auch immer er war oder wofür er gehalten wurde: Im Grunde war er ein Protest.

Im Jahr 1890 konnte man die Lebensumstände aller indigenen Völker im Westen in einem Wort zusammenfassen: *überwältigt.* Sie waren überwältigt worden von einer Nation mit mehr Technik, als sie besaßen, und mit dem Gefühl rassischer Überlegenheit, das ein Anrechtsdenken förderte. Doch im Wesentlichen war es eine Frage von Zahlen. Den indigenen Stämmen und Völkern im Westen gehörten zusammen weniger als eine Million Menschen an, und die Vereinigten Staaten hatten eine Bevölkerung von mehr als fünfundzwanzig Millionen. Selbst wenn die Ureinwohner für einen Krieg ausreichend bewaffnet und gerüstet gewesen wären, war die zahlenmäßige Ungleichheit zu groß. Deshalb hatten die meisten Völker und Stämme im Westen bis 1890 den größten Teil ihres Landes oder sogar ihr ganzes Land verloren, ihre Kultur war geschwächt oder ausgelöscht, und ihre Lebensweise war verschwunden. Kein Wunder, dass aus dem kleinen Funken Hoffnung schnell eine Flamme wurde.

Der Funke war eine Vision, die ein heiliger Mann, ein Halb-Paiute, 1888 während einer Sonnenfinsternis im Norden von Nevada hatte. Der Mann hieß in Paiute Wovoka, sein weißer Name war Jack Wilson. Seine Vision war einfach: Er sah eine Welt, die wieder so war wie vor der Ankunft der Weißen, als die Ureinwohner frei lebten und es Wild im Überfluss gab. Er sagte allen, es sei möglich, diese Welt durch Tanzen und Gebete an die Ahnen zurückzugeben – durch den Geistertanz. Wenn die Tänzer aufrichtig genug waren, würden die Ahnen sie erhören und die Welt wieder zu dem machen, was sie gewesen war.

Der Geistertanz war ein Erfolg. Er verbreitete sich über den Südwesten hinaus und fand im Norden der Großen Ebenen besonders unter den Lakota glühende Anhänger. Er verbreitete sich nicht, weil die Ureinwohner in ihm eine Möglichkeit sahen, die Weißen militärisch zu besiegen, sondern weil die Teilnehmer vom Status quo, der Autorität der Weißen, genug hatten. Tanzen anstatt zu kämpfen schien der Weg zu sein, die alte Lebensweise zurückzubringen. Die Tänzer glaubten, damit Wovokas Vision wahr zu machen. Daneben gab der Tanz den einzelnen Männern und Frauen die Möglichkeit, ihre Gefühle von Frustration, Zorn, Angst und Misstrauen auszuagieren. Es war ein Akt des Protests – nicht mehr und nicht weniger –, und der Protest richtete sich nicht nur gegen die Veränderungen, den Verlust von Land und Lebensweise und des Bisons, gegen die Kontrolle durch die Weißen, gegen die Eisenbahnen, die Missionare, die Schulen, sondern auch (vielleicht hauptsächlich) gegen die Veränderungen der Menschen, die diese äußeren Neuerungen bewirkten. Die größte Furcht bestand vor dem Entstehen einer neuen Identität – für viele vorausschauende Lakota weder eine weiße, noch eine Lakota-Identität.

Der Geistertanz endete tragisch. Die staatlichen Behörden machten daraus einen Aufstand, denn sie beurteilten den Tanz und seine Bedeutung völlig falsch und reagierten zu heftig. Ganz sicher beurteilten sie Sitting Bulls Rolle dabei falsch. Er wurde wegen dieses Irrtums ermordet.

Am Morgen des 15. Dezember 1890 erschienen etwa vierzig Indianerpolizisten vor Sitting Bulls Blockhaus im Standing-Rock-Reservat, um ihn festzunehmen. Die Behörden wollten ihn internieren, um zu verhindern, dass er die anderen Hunkpapa-Lakota beeinflusste, sodass sie am Geistertanz teilnahmen. Die Behörden empfanden jeden Geistertänzer – Mann, Frau oder Kind – als eine Bedrohung.

Die Stimmung in Sitting Bulls Lager war aufgeheizt, nicht wegen des Geistertanzes, sondern wegen seiner Festnahme. Anfangs kooperierte er; dann beschimpfte er den Kommandeur des Polizeitrupps, einen Hunkpapa-Lakota. Schnell sammelten sich Sitting Bulls Familie und seine Anhänger, und die Polizisten versuchten, ihn durch die Menge zu eskortieren. Es kam zu Beschimpfungen, Geschrei und einem Handgemenge. Schließlich fielen Schüsse, und Indianerpolizisten sanken zu Boden – einige mit tödlichen Verletzungen. Tragischerweise erschoss einer der sterbenden Polizisten auch Sitting Bull.

Zwei Wochen später tötete die amerikanische Armee am Wounded Knee Creek beinahe dreihundert Lakota, die meisten von ihnen Frauen und Kinder. Es handelte sich um Lakota, die nichts anderes suchten als Schutz vor dem Sturm der Veränderung. Alle diese tragischen Ereignisse waren Teil des Wandels einer Kultur.

Achtzig Jahre später sprachen nur noch 30 Prozent der Lakota ihre Muttersprache, und viele waren bereits in der dritten oder vierten Generation Christen. Lakota-Kinder wurden in von Weißen kontrollierten Schulen von weißen Lehrern in der Geschichte der Lakota unterrichtet. Und sie waren der Welt unter einem Namen bekannt, der nicht ihrer Sprache entstammte: die Sioux.

Den alten Lakota-Männern, die an jenem Sonntagnachmittag, als ich sie erlebte, im Schatten einer Pappel saßen, gefielen die Veränderungen nicht, die sie nicht gewollt und die ihr Volk seit hundert Jahren erduldet hatte. Sie waren zutiefst besorgt, ja sie befürchteten, dass diese Veränderungen aus künftigen Generationen nicht mehr erkennbare, vielleicht sogar unbedeutendere Versionen ihrer Ahnen machen würden. Die alten Männer sprachen an diesem Tag ausschließlich Lakota. Wenn ich mich beinahe sechzig Jahre später mit Lakota-Verwandten und -Freunden unterhalte und wir die gleichen Ängste und Sorgen äußern, sprechen wir Englisch. Der Wandel hat uns als Kultur verändert. Die alten Männer brachten ihre Sorgen und Befürchtungen zum Ausdruck, während sich dieser Vorgang ereignete. Die Tatsache, dass sie eine Stunde lang an einem christlichen Gottesdienst teilgenommen und sich Gebete sowie eine Predigt in Englisch angehört hatten, war zumindest ein Indiz dieses Wandels. Dass sie in Wolle und Kattun gekleidet waren, ein weiteres. Und dass unter den Bäumen Chevrolets, Fords und Dodges parkten, anstatt dass dort Pferde weideten, noch eines.

Die Befürchtungen der alten Männer haben sich bewahrheitet. Wir Lakota wurden verändert. Aber die Frage, *was* wir geworden sind, ist noch nicht beantwortet.

Darüber hinaus ist die Geschichte des Wandels der Lakota und seiner Folgen ein warnendes Beispiel für alle, denn Wandel und Veränderung sind Teil unseres individuellen und kollektiven Lebens.

Das Können des Bogenmachers und die Elastizität des Baumes

Die Anfertigung eines einfachen Bogens aus Eschenholz und eines Pfeils aus Weide ist für mich ein Bild für die Geschichte des Wandels der Lakota angesichts sich verändernder Lebensumstände.

Jedes Werkzeug, jedes Gerät, jedes Kleidungsstück, jeder Gegenstand und jedes Erzeugnis, das wir benutzen oder das Teil unseres Alltags wird, ist das Produkt mehrerer Arten von Rohmaterial. Diese Rohmaterialien müssen gesammelt, abgebaut, beschafft, geerntet oder sonst wie erworben werden. Danach kommen die Vorbereitung und die Herstellung des Produkts. Viele von uns wissen nichts über diesen Ablauf. Das erinnert mich an den Mann, der auf die Frage, woher Milch und Fleisch kommen, erwiderte: »Aus dem Lebensmittelgeschäft.« Oder an einen anderen, der glaubte, Fensterglas werde in einem Bergwerk abgebaut.

Als ich im Frühling 1950 den Eschenholzbogen und die Weidenpfeile meines Großvaters zum ersten Mal sah, war ich davon fasziniert, hatte aber keine Ahnung, wie sie entstanden waren. Damals war ich fünf, doch im Alter von sieben Jahren wusste ich genau, woraus Bogen und Pfeile gemacht und wie sie hergestellt wurden. Als junger Erwachsener erkannte ich, dass die Verwandlung von Esche (oder Eiche oder Traubenkirsche) in einen Bogen und die von Weidenruten in Pfeile viele Umstände und Ereignisse unseres Lebens symbolisieren.

Ein Baum, manchmal auch ein Ast wird in einen Bogen *verwandelt*. Doch ganz gleich, wie realitätsnah eine solche einfache Aussage ist, sie verrät nicht ansatzweise etwas von dem Vorgang, den eine Esche, Eiche oder Traubenkirsche durchlaufen muss, bis sie ein Bogen ist.

Der Vorgang besteht aus mehreren Schritten.

Die Bogenmacher der Lakota (Bogner) suchten einen Baum, der so gerade wie möglich war und auch möglichst wenige Astknoten und Äste hatte. Der Baum musste mindestens so groß sein wie ein erwachsener Mann. Die Bogner durchsuchten im Sommer und Herbst die Stände von Eschen und Eichen sowie die Dickichte der Traubenkirschen entlang der Bäche und Flüsse. Die meisten Bogenmacher bevorzugten die Traubenkirsche, weil sie ein feingemasertes Hartholz und flexibler als Esche oder Eiche ist. Doch einen Traubenkirschenbaum zu finden, der hoch genug oder gerade genug gewachsen war, um einen Bogen daraus zu machen, war äußerst schwierig. An zweiter Stelle der Beliebtheit folgten frei stehende Eichen, die außerhalb von Eichengehölzen wuchsen, was bedeutete, dass sie höher als andere Eichen waren. Eichen waren im Allgemeinen allerdings dicker als gleichaltrige Eschen. Da Eschen in den nördlichen Ebenen häufiger vorkamen und sich leichter verarbeiten ließen als Eichen, wurden sie öfter verwendet.

Hatte der Bogenmacher einen geeigneten Baum gefunden, markierte er ihn. Um die Mitte des Wintermondes (Dezember) oder später, wenn kein Saft floss, kam er zurück, um ihn zu fällen. Das untere Ende des gefällten Baumes, das dicht über dem Wurzelstock gewesen war, wurde mit einer tiefen Kerbe markiert.

Die Bogenmacher fällten nicht unbedingt jeden Winter Holz für ihre Bogen. Üblicherweise taten sie das nur dann, wenn ihre Vorräte an Stäben (die längs gespaltenen Bäume) getrocknet waren.

Nachdem mein Großvater unser Blockhaus auf der Anhöhe über dem Little White River gebaut hatte, fällten wir im folgenden Winter eine Esche. Ich war damals fünf Jahre alt. Ende Januar oder Anfang Februar begleitete ich ihn beim Abstieg in eine Schlucht westlich von unserem Haus. Es war eine kalte Nacht irgendwann nach Neumond, und ich weiß noch, dass mein Atem kleine weiße Wölkchen bildete.

Ich erinnere mich, dass der Viertelmond hoch über dem Horizont stand. Doch in der Schlucht war es dunkel, und der Schnee machte den Abhang glatt und trügerisch. Ich hatte die Aufgabe, die Petroleumlampe zu tragen, damit wir auf dem Weg nicht stürzten. Wir fanden die junge Esche, die mein Großvater im Herbst markiert hatte und die er jetzt mit ein paar geübten Axthieben fällte. Er zog aus seiner

Hosentasche in kleines Bündel Tabak hervor und sagte, ich solle es auf den Stumpf legen. Es war eine Gegengabe für das Leben des Baumes. Er sagte, ich solle mich bei dem Baum bedanken, und ich tat es.

Nachdem er den Baum von Ästen und Zweigen befreit hatte, schnitt er ihn auf die richtige Länge zu – etwa so groß, wie er selbst war. Zu Hause lehnten wir den kurzen Stamm an die Wand neben der vorderen Veranda. Ich glaube, bis auf die stählerne Axt, die Petroleumlampe und das Blockhaus unterschied sich unser kleiner Ausflug in die Schlucht in nichts von den Streifzügen vieler früher Generationen von Lakota-Großvätern und Enkeln, die in einer kalten Winternacht Bäume für Bogen gefällt hatten.

Damals wie heute bestand der nächste Schritt darin, den Stamm zu spalten. Je nach seinem Durchmesser konnte man bis zu vier Stäbe daraus gewinnen. In der Vergangenheit hatte der Bogenmacher die Stäbe unter die Rauchöffnung seines mit Bisonhäuten bedeckten Wigwams gehängt, um den Trocknungsvorgang einzuleiten. Die Wigwams der Lakota waren kegelförmig, sodass die warme Luft nach oben stieg. Die Stäbe so aufzuhängen, dass der entweichende Rauch und die warme Luft an ihnen vorbeistrichen, war die beliebteste Trocknungsmethode, und man ließ die Stäbe mindestens drei Jahre lang so hängen. In den 1950er-Jahren lebten meine Großeltern und ich aber nicht in einem Wigwam mit Bisonhaut. Deshalb hängte mein Großvater einen der beiden Stäbe der gemeinsam gefällten Esche mit zwei langen Nägeln hinter dem großen eisernen Küchenherd waagrecht an die Wand. Leider wurde aus diesem Stab nie ein Bogen, denn wir zogen aus dem Blockhaus weg, bevor er völlig getrocknet war. Den anderen Stab ließ er draußen in der Kälte, damit er »grün« blieb.

Wenn die Stäbe drei Jahre an der Luft getrocknet waren, konnten daraus Bogen gefertigt werden. Es war eine einfache, aber arbeitsintensive Aufgabe. Nachdem der Bogenmacher die Rinde entfernt hatte, zeichnete er die Umrisse des Bogens auf den Stab (dazu benutzte er kleine Stücke Holzkohle) und begann, das nicht benötigte Holz abzutragen. Irgendwann vor meinem sechsten Geburtstag, im Mond, wenn die Gänse zurückkommen (Anfang April), begann mein Großvater die Arbeit an dem grünen Stab, den er im Freien unter dem Schnee aufbewahrt hatte. Ich erinnere mich, dass ich ihn fragte, was er da tue. Er erwiderte, in dem Stab sei ein Bogen, und es sei seine Aufgabe, ihn zu finden und herauszuholen. Dazu müsse er alles Holz entfernen, das ihm im Weg sei.

In der Zeit vor den Reservaten war das Bogenbauen entweder eine Beschäftigung an Winterabenden oder eine Aufgabe für den Sommer. Im Winter waren die Tagesstunden kürzer; deshalb arbeiteten die Bogenmacher beim Licht der Feuer in den Wigwams. Wer den Sommer bevorzugte, arbeitete an einem Bach, in dem der Stab hin und wieder gewässert wurde, um die äußere Holzschicht weicher zu machen, damit sie sich leichter schnitzen oder schaben ließ. Ich glaube, in den Tagen der Steinwerkzeuge war das die beliebteste Methode des Schnitzens.

Mein Großvater benutzte als Werkzeuge ein langes Messer, das er beim Arbeiten immer wieder schliff, und eine Holzraspel. Er bearbeitete den Stab an den Nachmittagen und Abenden, wenn die Tagesarbeiten getan waren. Dabei saß er oft unter der von einer Weide beschatteten Laube an der Nordseite unseres Hauses und arbeitete in einem geruhsamen Tempo. Trotz meiner kindlichen Ungeduld brauchte er etwa eine Woche, um den Bogen – meinen Bogen – zu bauen. Ich hatte die Aufgabe, die Holzspäne aufzulesen und in einem Jutesack zu sammeln.

In meinen sechs Jahre alten Augen war der Bogen das Schönste, was ich jemals gesehen hatte. Er war vielleicht einen Meter hoch. Ich habe ihn nie gemessen, denn zu der Zeit, als mein Großvater ihn baute, ging ich noch nicht zur Schule und wusste nichts von Maßbändern und Zentimetern. Tatsache ist, dass sich unter den Werkzeugen meines Großvaters für die Herstellung von Bogen auch gar kein Maßband befand. Sein eigener Bogen, den er einige Monate früher gebaut hatte, war länger und weiter. Die Bogen der Lakota wurden entsprechend der Größe des Schützen hergestellt. Logischerweise war der Bogen eines kleinen Schützen nicht so groß wie der eines hochgewachsenen Mannes.

Zu meiner Überraschung stellte ich fest, dass der Bogen noch nicht fertig war, selbst nachdem mein Großvater den Stab zurechtgeschnitten hatte. Mein Großvater erklärte, er benutze eine Art Abkürzung, eine schnellere Methode, Bogen anzufertigen, die das übliche jahrelange Trocknen der Stäbe übersprang.

Einen Tag nachdem der Bogen fertig geschnitzt war, machten wir mithilfe der von mir gesammelten Späne draußen ein großes Feuer. Wir unterhielten es vom Morgen bis lange nach Sonnenuntergang. Darüber lag auf einer provisorischen Plattform mein Bogen. Ich hatte die Aufgabe, ihn in Abständen von etwa einer Stunde, wenn mein Großvater es mir sagte, von der Rückseite auf die Vorderseite und wieder auf die Rückseite zu drehen.

Mir fiel auf, dass sich der cremeweiße Bogen immer mehr gelb färbte, je länger er über dem Feuer hing. Als ich fragte, weshalb wir meinen Bogen brieten, sagte mein Großvater, er werde dadurch hart und stark.

Am Abend trugen wir den Bogen ins Haus. Mein Großvater betrachtete ihn am nächsten Morgen prüfend und bog ihn über sein Knie. Nachdem er noch einmal etwas Holz entfernt hatte, zündeten wir das Feuer wieder an und hängten ihn zwei weitere Tage lang darüber. Danach erklärte mein Großvater, der Bogen sei fertig. Er bespannte ihn mit einer Tiersehne, und ich hatte meinen ersten Bogen.

Während der Anfertigung des Bogens waren wir einmal zum etwa zwei Meilen von unserem Haus entfernten Little White River gegangen und hatten etwa ein Dutzend Weidenschösslinge geschnitten. Jeder war etwa fünfundsiebzig Zentimeter lang und so dick wie der kleine Finger meines Großvaters. Aus einer dieser Ruten einen Pfeil zu machen, dauerte bei Weitem nicht so lange wie der Bau des Bogens, doch für alle zwölf brauchten wir mehrere Tage. Als Erstes wurde die Rinde abgeschält. Dann zog mein Großvater den Schössling durch die sogenannte Presse. In diesem Fall war die Presse ein Block Hartholz mit einem Loch von etwa sechs Millimetern Durchmesser. Wenn man den frischen Trieb durch das Loch zog, wurde der Schaft auf ganzer Länge – von der Spitze bis zum hinteren Ende, dem Teil direkt über den Wurzeln – auf den gleichen Durchmesser gebracht. Das Ergebnis war ein Schaft, der bis auf ein Ende gleichmäßig dick war. Das hintere oder »Wurzel-«Ende erhielt die Kerbe oder die Nocke für die Sehne.

Anschließend richtete mein Großvater die Ruten mit der Hand gerade und hängte sie über den Küchenherd. Ein paar Tage später richtete er sie noch einmal gerade, diesmal nachdem er sie über das Feuer im Freien gehalten hatte. Mit einigen Ruten tat er das mehr als einmal, bis alle Schäfte so gerade waren wie die Strahlen der Sonne.

Dann schnitt mein Großvater sie alle auf eine Länge zurecht – einige lang genug für ihn und einige kurz genug für mich. Die Messmethode für unsere Pfeile war dieselbe: der Pfeil war so lang wie der Abstand von der Spitze des gebogenen Ellbogens bis zur Spitze des Mittelfingers plus eine Handbreit. Nachdem er eine enge Kerbe in das vordere Ende geschnitten hatte (das für die Pfeilspitze), brachte er vor der Nocke Federn an. Er hatte mit einem Messer die Kiele von schwarzen Krähenfedern gespleißt und in Stücke von etwa zehn Zentimetern geschnitten. Nachdem er die Federn zurechtgestutzt hatte, befestigte er eine nach der anderen am Schaft. Dazu benutzte er Hautleim und dünne Streifen von Sehnen. Als Nächstes versah mein Großvater vier meiner Pfeile mit geschnitzten Spitzen aus Hirschknochen. Jede Spitze war etwa fünf Zentimeter lang und an der breitesten Stelle, kurz vor dem Übergang in den Schaft, etwa eineinhalb Zentimeter breit. Die Spitze wurde in die Kerbe an der Spitze des Pfeils eingepasst, mit Hautleim befestigt und mit Sehnen umwickelt. Es dauerte zwei Tage, bis der Leim trocknete und fest wurde. (Im Jahr darauf baute er für mich Jagdpfeile mit Eisenspitzen.)

Als ich mich später mit dem Bewusstsein, dem Herzen und den Erfahrungen eines Erwachsenen erinnerte, begriff ich, dass in der liebevollen Rückbesinnung auf meinen Pfeil und Bogen bauenden Großvater eine Lektion enthalten war – für mich und für jeden, der Veränderungen erlebt hat.

Das Leben ist eine Folge von Verwandlungen. Manche ereignen sich langsam wie die des Stabs, der jahrelang trocknen muss, bevor er zu einem Bogen geformt wird. Andere geschehen schnell, wie der grüne Stab sie durchlief, den mein Großvater schnitzte, dann trocknete und schließlich über dem Feuer härtete.

Wandel, ob gering oder bedeutsam, ist ein wichtiger Teil unseres Lebens. Manchmal erinnern wir uns wegen der Härte und der Schmerzen daran, die ihn herbeigeführt oder die wir durch ihn erlebt haben. Zu anderen Zeiten sind wir uns des Wandels nicht einmal bewusst.

Jetzt, im Alter von fünfundsechzig Jahren, denke ich häufig darüber nach, was die Esche und die Weiden am Fluss opfern mussten, um zu einem Bogen und zu Pfeilen verarbeitet – umgewandelt – zu werden. Sie gaben ihr Dasein, ihre Lebendigkeit. Doch ihre Essenz – das elementare, echte und unveränderliche Wesen dieser Bäume – lebte in dem Bogen und den Pfeilen fort.

Was machte die Esche (oder die Eiche und die Traubenkirsche) zu einem guten Bogen? Was machte den Bogen aus Esche, Eiche oder Traubenkirsche zu der Waffe, mit der ein Mann voll Zuversicht Tiere jagen oder sich seinen Feinden stellen konnte? Die Qualität des fertigen Bogens hatte etwas mit dem Können des Bogenbauers zu tun, doch größtenteils ging sie auf das Holz, auf die Essenz des Baumes zurück. Vor allem die Elastizität macht Hartholz zu einem guten Material für Bogen. Doch es gibt noch eine andere Eigenschaft, die es ermöglicht, dass der Bogen bei jedem Wetter, unter allen schwierigen Bedingungen funktioniert: Flexibilität.

Glücklicherweise ist die Widerstandsfähigkeit nicht nur eine Sache der Eschen. Sie ist eine Eigenschaft, die jeder, auch Kulturen und der Einzelne, lernen oder entwickeln kann.

So wie Bäume von Bogenbauern verändert werden, so werden wir Lakota und jeder andere indigene Stamm, jedes Volk auf diesem Kontinent durch den Umgang mit Europäern und aus Europa stammenden Menschen, die sich Amerikaner nannten, verändert. Wie die Bäume haben wir die Lebendigkeit, das Leben unserer Kulturen geopfert, das, was uns auf einmalige Weise für unzählige Generationen zu dem machte, was und wer wir waren. So wie das Wachsen und Blühen des Baumes in dem Augenblick endete, als die Axt des Bogenmachers in seinen Leib schnitt, so endeten das Wachsen und Blühen unserer Kultur, sobald Europäer und aus Europa stammende Menschen, die sich Amerikaner nannten, unsere Gebiete und Ressourcen begehrten.

Doch es gibt Unterschiede zwischen den Bäumen und uns, auch zwischen den Bogenbauern und den Europäern und den aus Europa stammenden Menschen, die sich Amerikaner nannten. Die Bogenbauer der Lakota nahmen den Bäumen zwar das Leben, doch sie taten es nicht mit einem Überlegenheitsanspruch, mit Berechtigungsdenken oder Feindseligkeit. Danach gingen sie respektvoll und ernst an die Arbeit und stellten sicher, dass ihre Lebensumstände gut und im Gleichgewicht waren, bevor sie begannen. Sie glaubten nämlich, dass sie den Bogen mit dem erfüllten, was sie empfanden. Gab es zum Beispiel Belastungen oder tragische Ereignisse in ihrem Leben, dann bauten sie keine Bogen. Wenn sie bereit waren, beteten sie vor dem Beginn ihrer Arbeit. Danach verwendeten sie ihr Wissen und Können darauf, den bestmöglichen Bogen anzufertigen.

Europäer und aus Europa stammende Menschen, die sich Amerikaner nannten, haben die Veränderungen der indigenen Bevölkerung nicht mit der gleichen Selbstreflektion, Achtung und Sorgfalt herbeigeführt. Sie gleichen eher einem Bogenbauer, der aus Ungeduld Abkürzungen nimmt oder sich nicht an bewährte und erprobte Bauweisen hält oder dem einfach das Können für den Bau eines guten Bogens fehlt. Das Ergebnis ist ein Bogen, der nicht ausbalanciert ist, dessen einer Arm beim Spannen stärker belastet wird als der andere und der früher oder später bricht. Was der Wandel der Stämme und Völker Nordamerikas (und übrigens auch Südamerikas) am Ende ergibt, muss sich erst noch zeigen, denn man sollte auch andere Gegebenheiten nicht außer Acht lassen. Es gibt Fälle, in denen der Wandel beabsichtigt ist, in denen er herbeigeführt wird, um etwas völlig zu verändern, um etwas ganz anderes als das Original entstehen zu lassen.

Wer diese Art Wandel verursacht, handelt aus eigennützigen Gründen. Europäer und Euro-Amerikaner, die versucht haben, nord- und südamerikanische Ureinwohner zu »zivilisieren«, wollten und wollen Versionen ihrer selbst aus uns machen, damit sie sich wohler fühlen.

Weil das Endergebnis eines Wandels nicht immer für alle Beteiligten positiv ist, glauben manche (hoffentlich viele), das Resultat der Veränderung einheimischer Völker durch den Umgang mit Europäern und aus Europa stammenden Menschen, die sich Amerikaner nannten, müsse sich erst noch zeigen. Nach meiner Meinung sind jene, die so denken, die widerstandsfähigsten unter uns.

Es ist tragisch, dass manche indigene Völker vor Kräften von außen kapituliert haben, ihre eigene Kultur aufgaben und sich dem angepasst haben, was die Veränderung erzwungen hat (und erzwingt). Sie sind wie die Späne, die bei der Arbeit des Bogenbauers fallen. Sie sind nur Abfälle des Vorgangs und nicht mehr mit der Essenz des Baumes verbunden.

Diejenigen unter uns, die darum kämpfen, flexibel zu sein, stellen sicher, dass trotz der uns seit mehreren Generationen aufgezwungenen Veränderungen die Essenz, das Beste unserer Kultur, bewahrt bleibt. Unsere Widerstandsfähigkeit ist die Gewähr dafür, dass unsere Kulturen überdauern, auch wenn wir, wie der Baum, die Veränderung nicht wollten, und obwohl unsere Veränderung durch unwissende, ungeduldige und ungeschickte Hände herbeigeführt wurde. Am Ende kann Flexibilität eher auf den Baum zurückzuführen sein als auf das Können des Bogenbauers.

Der Wille zur Veränderung

Gerüchten zufolge weisen vorläufige Ergebnisse der Volkszählung von 2010 darauf hin, dass die Zahl der indigenen Amerikaner bei knapp über vier Millionen liegt, also doppelt so hoch ist wie im Jahr 2000. Doch die Gruppe der Ureinwohner betrachtet diese Zahl aus gutem Grund mit Skepsis: Bei der Volkszählung wird kein Nachweis der ethnischen Zugehörigkeit verlangt. Die mit der Zählung beauftragten Mitarbeiter konnten weder technisch noch von Rechts wegen die Aussage einer blauäugigen oder hellhäutigen Person bezweifeln oder nachprüfen, wenn sie behauptete, sie sei ein Ureinwohner. Ebenso wenig konnte man die Wahrheit schriftlicher Angaben überprüfen. Abgesehen von den Zahlen – wer ist angesichts generationenlanger Assimilierung und Akkulturation heute ein Ureinwohner? Indianer, Ureinwohner oder amerikanischer Indianer zu sein bedeutet, registriertes Mitglied eines staatlich anerkannten Stammes oder Volkes zu sein, und man braucht ein bestimmtes Minimum an indigenem Blut, um registriert zu werden. Bei den meisten Stämmen ist das ein Viertel, bei anderen ein Achtel. Mit anderen Worten: Jemand kann sich als Mitglied des amtlich anerkannten Stammes X registrieren lassen, wenn er/sie nachweist, dass dank eines Elternteils oder beider mindestens ein Viertel (25 Prozent) indigenes Blut in seinen Adern fließt. Das heißt, der neu Aufgenommene ist biologisch zu drei Vierteln etwas anderes – eine Mischung aus anderen indianischen Stämmen und/oder nicht-indianischem Blut – juristisch aber trotzdem ein Mitglied von Stamm X. Doch juristisch einem Stamm anzugehören ist nicht dasselbe, wie kulturell oder traditionell ein Indianer zu sein; das zeigte sich überdeutlich am Beispiel mehrerer Männer, die angeblich als Anwälte der Indianer oder der indigenen Bevölkerung für die amerikanische Regierung arbeiteten.

Das Büro für Indianerangelegenheiten (BIA) wurde 1824 eingerichtet und war dem Kriegsministerium (heute Verteidigungsministerium) zugeordnet. Im Jahr 1849 wurde es dem Innenministerium unterstellt. Das BIA wird von einem Kommissar geführt, einem Untersekretär des Innenministeriums.

Der Kommissar des BIA ist ein politischer Beamter, wird also ernannt. Die ersten Kommissare waren alle Weiße. Im Jahr 1868 wurde der erste indigene Kommissar eingesetzt. Es handelte sich um Ely Parker, einen Angehörigen des Seneca-Volkes, dessen Territorium im nördlichen Teil des heutigen Staates New York lag. Parker wurde von Präsident Ulysses S. Grant aufgrund seiner Verdienste im Bürgerkrieg ernannt. Er diente als Grants Adjutant, stieg in den Rang eines Brigadegenerals der Unionsarmee auf und war bei Lees Kapitulation in Appomattox Court House anwesend. Parker entwarf sogar die Kapitulationsurkunde. Parkers Dienstzeit als Kommissar des BIA war wegen politischer Angriffe seiner Gegner und der Gegner von Grant kein Glanzlicht seiner Karriere.

Im 20. Jahrhundert, lange nachdem die Bundesregierung Kriterien für die Zugehörigkeit zu staatlich anerkannten Stämmen aufgestellt hatte, wurden Kommissare des BIA ernannt, die nach dem Gesetz Indianer oder Ureinwohner waren. Alle waren Männer, und sie erfüllten kaum die Forderungen nach einem bestimmten Anteil an indigenem Blut; einige kamen aus Stämmen, in denen ein Achtel zur Anerkennung ausreichte. In den Augen des Gesetzes mögen sie zu einem Achtel Indianer gewesen sein, doch die anderen sieben Achtel waren kulturell gesehen weiß. Die meisten (wenn nicht alle) dieser Amtsträger hatten keine kulturellen Bindungen an den Stamm, dessen Mitglied sie juristisch waren; das heißt, ihnen fehlten die Erfahrungen der Menschen, die in traditionellen Gemeinschaften oder im Reservat aufgewachsen waren. Für die Regierung war es »sicher«, solche Männer zu ernennen, denn sie gehörten der richtigen politischen Partei an und waren eher nicht-indigen als indigen. Und ganz sicher machten sie keinen Ärger. Es fragt sich, wo die Loyalitäten eines Kommissars lagen, der zu einem Achtel Indianer und zu sieben Achteln Weißer war und der als eingeschriebenes Mitglied der Republikanischen Partei oder der Demokratischen Partei seine Beiträge bezahlte. Galt seine Loyalität mehr seiner politischen Partei und dem Präsidenten, der ihn ernannt hatte, oder den lockeren beziehungsweise nicht vorhandenen Bindungen an den Stamm, dem er dem Gesetz nach angehörte?

Es gab einige indigene Kommissare mit starken Bindungen an den Stamm ihrer Vorfahren, doch das kam nur in großen Abständen vor, und es waren wenige. Heute gibt es in den USA mehr als vierhundertachtzig ethnisch identifizierbare indigene Stämme oder Völker. Die meisten werden von der Bundesregierung anerkannt, das heißt, die amerikanische Regierung erkennt ihre Existenz an. Von den übrigen Stämmen waren die meisten nie staatlich anerkannt; manche waren es, verloren die Anerkennung allerdings aus dem einen oder anderen Grund wieder.

Die ethnisch identifizierbaren Stämme sprechen etwa einhundertsechzig eigene Sprachen, und das bedeutet, etwa dreihundertzwanzig Stämme haben keine lebende Sprache mehr.

In einunddreißig der fünfzig Staaten gibt es Indianerreservate – meist handelt es sich um bundesstaatliche und um einige wenige Einrichtungen des betreffenden Staates.

Alle diese Fakten sind Folgen des Wandels. Und der Wandel findet immer noch statt. Es sei dahingestellt, weshalb er nicht beendet ist, doch von Angehörigen der Stämme wird man vielleicht hören, dass die Ursache dafür im Wandel selbst liegt. Gegen Ende des 19. Jahrhunderts betrieb die Regierung mit großem Nachdruck eine Politik der Assimilation. Das Wort assimilieren bedeutet »etwas in sich aufnehmen und in etwas Eigenes umwandeln, etwas absorbieren; in Übereinstimmung mit den Bräuchen und Einstellungen einer dominanten Gruppe bringen«. Nichts an dieser Definition oder der Einführung der Assimilationspolitik durch die Regierung bot jenen, die assimiliert wurden, sinnvolle Wahlmöglichkeiten. Aus den Ureinwohnern sollten hart arbeitende und produktive Mitglieder der amerikanischen Gesellschaft und erkennbare Kopien weißer Amerikaner werden. Damit war die Sache erledigt. Deshalb wurden die Bräuche, Traditionen und religiösen Praktiken der indigenen Bevölkerung verboten, deshalb wurden die Ureinwohner gewaltsam aus ihrer Heimat vertrieben, und deshalb mussten ihre Kinder staatliche und kirchliche Schulen besuchen, ganz zu schweigen davon, dass in diesen Internaten der Gebrauch ihrer Muttersprachen verboten war.

Ganz allgemein kann man sagen: Man brachte die indigene Bevölkerung dazu, sich ihrer Herkunft zu schämen, und viele dieser Menschen wurden verfolgt. So kritisierten etwa die frühen Missionare die Glaubensvorstellungen der Ureinwohner und machten sich darüber lustig. Damit riefen sie in den Kindern und jungen Menschen Zweifel und Unsicherheit hervor. In den Schulen, in die sie geschickt wurden, bestrafte man die Kinder und Jugendlichen, wenn man sie dabei ertappte, dass sie ihre Muttersprache benutzten. Die Botschaft war laut und klar: Ein Ureinwohner zu sein war inakzeptabel.

Es gibt auch Menschen, denen kaum eine andere Wahl blieb, als sich zu assimilieren. Es gab und gibt Kinder der Ureinwohner, die weißen Familien übergeben oder von ihnen adoptiert werden. Diesen Kindern wurden und werden die Werte und Traditionen der Adoptivfamilie eingetrichtert. In vielen Fällen unternehmen die Adoptiveltern nichts, um die Kinder mit dem Erbe ihrer Vorfahren und Kultur oder Mitgliedern ihrer biologischen Familie bekannt zu machen.

Im Jahr 1924 verlieh der Kongress den Ureinwohnern die amerikanische Staatsbürgerschaft als Belohnung dafür, dass Ureinwohner im Ersten Weltkrieg beim Militär gedient hatten. Der Kongress befand es nicht für nötig, zu fragen, ob die Ureinwohner amerikanische Staatsbürger sein wollten, und viele der Betroffenen betrachteten die Aktion als weiteren Versuch, ihre Identität auszuhöhlen. Dann verabschiedete der Kongress 1934 den *Indian Reorganization Act* (IRA); dieses Gesetz sah unter anderem eine Art Selbstverwaltung der Stämme nach dem Vorbild der USA vor. Dabei spielte es keine Rolle, dass die Ureinwohner sich Hunderte von Jahren, bevor Thomas Jefferson überhaupt an die Unabhängigkeitserklärung dachte, erfolgreich selbst verwaltet hatten. Innerhalb weniger Generationen zerstörte der IRA wirkungsvoll die auf Erfahrung und Weisheit gründenden Systeme von Regierung und Führung, die bei vielen Stämmen lange bestanden hatten.

In den 1960er-Jahren ließ der Anpassungsdruck auf die indigene Bevölkerung allmählich nach, obwohl viele weiße Lehrer, Berater und andere immer noch behaupteten – und diese Haltung auch heute noch vertreten –, die indigenen Schüler/Studenten kämen besser vorwärts, wenn sie wie alle anderen wären. Sogar die Fernsehserie *Gunsmoke* aus den 1960er-Jahren, die in Deutschland unter dem Titel *Rauchende Colts* ausgestrahlt wurde, mischte dabei mit. In einer Folge gab Marshal Matt Dillon zwei jungen Männern, Halbblutindianern, einen guten Rat und sagte ihnen, auch als Halbblut könne man ein guter Mensch sein.

Doch während der Durchsetzung der Assimilationspolitik lernte die amerikanische Regierung etwas Wesentliches über die menschliche Natur: Je mehr man versucht, den Menschen etwas zu nehmen, desto stärker halten sie daran fest. Hauptsächlich deshalb gibt es immer noch indigene Stämme und Völker, die kulturell, erfahrungsbezogen und in jeder anderen Hinsicht in Verbindung stehen mit dem, was sie waren und was sie hatten, bevor die Europäer kamen.

Indigene Amerikaner, amerikanische Indianer oder einfach Prärieindianer sind heute Teil des amerikanischen *Mainstreams*. Wir sind in vieler Hinsicht wie alle anderen, die das Etikett »Amerikaner« tragen. Wir sind Eltern und Großeltern, Witwen, Witwer, Söhne, Töchter,

Enkelkinder und Schüler. Wir sind Lehrerinnen, Bauarbeiter, Ärztinnen, Sportler, Schauspielerinnen, Anwälte, Elektrikerinnen, Händler, Künstlerinnen, Politiker, Autorinnen, Pfarrer, Installateurinnen, traditionelle Heiler, Sportbegeisterte, Leserinnen, Lkw-Fahrer, Kinogängerinnen und so weiter. Wir leben nicht mehr in mit Bisonhäuten bedeckten Behausungen, in Langhäusern oder Felswohnungen. Wir jagen auch keine Wale mit Langbooten oder stellen auf dem Pferderücken in der Prärie den Bisons nach. Was von unserem Land geblieben ist, wird durch Linien auf einer Karte angezeigt, nicht durch natürliche Orientierungspunkte. Wir leben in Apartments, Eigentumswohnungen, Reihenhäusern oder Holzhäusern, wir haben Berufe und gehen zur Arbeit (wenn wir Glück haben) oder versuchen ganz allgemein über die Runden zu kommen – wie alle anderen auch.

Doch wir haben noch eine andere Dimension: die Verbindung mit unserem Stammeserbe, mit den Bräuchen und Traditionen unserer Vorfahren. Wir sind zwar nicht die einzige Gruppe mit einer Verbindung zur Geschichte und zu den Ahnen, doch für uns ist diese Verbindung ein besonders wichtiger Teil unserer heutigen Identität, und sie erfüllt uns mit Stolz. Wir sind zwar bis zu einem gewissen Grad verändert worden, doch wir haben Möglichkeiten gefunden, indigen zu bleiben und gleichzeitig unseren Beitrag zur amerikanischen Gesellschaft zu leisten und die Rollen und Erwartungen der Gesellschaft zu erfüllen. Nicht mehr und nicht weniger haben wir seit einer Ewigkeit getan.

Manche von uns haben unabhängig von ihrer Stammes- oder Volkszugehörigkeit die Realität akzeptiert, dass Zeit und Umstände uns verändert haben. Die alte, voreuropäische Lebensweise wird nicht zurückkommen (zumindest nicht auf absehbare Zeit), doch der Kern dessen, wer und was wir als Lakota oder als Diné, Tsalagi, Inuit, Miccosukee und so weiter waren, besteht weiter. Sobald wir das begreifen, können wir unsere fundamentalste Wirklichkeit akzeptieren: Wir können und sollen das Beste aus den Aspekten unserer Kultur machen, die überlebt haben. Und was überlebt hat, genügt, um auch weiterhin zu sein, wer und was wir sind. Der Bogenschütze weiß schließlich, dass der Bogen aus Esche, Eiche oder Traubenkirsche gemacht ist und dass jeder Baum seine eigenen positiven Charaktermerkmale hat. Und so weiß der Bogenschütze auch, dass der Pfeil aus dem Holz von Weide oder junger Traubenkirsche gemacht ist. Weder der Bogen noch der Pfeil hören auf, Esche oder Eiche oder Traubenkirsche zu sein, nur weil sie umgeformt worden sind.

Unsere Kultur überlebt trotz aller Assimilationsbemühungen unter anderem deshalb, weil wir so viel Kontrolle als möglich über den Vorgang des Wandels übernommen haben. Es ist ein Grundzug der menschlichen Natur, dass wir uns für eine Entscheidung, die wir frei getroffen haben, oder für etwas, was wir als unsere eigene Idee betrachten, verantwortlich fühlen und deshalb härter arbeiten, um sie zum Erfolg zu führen. Aus diesem Grund sind indigene Amerikaner (oder amerikanische Indianer) Teil des amerikanischen *Mainstreams.* Die meisten von uns begreifen, dass wir selektiv vorgehen und die Kontrolle über unser individuelles Leben als Bürger und Menschen übernehmen können. Wegen der Beziehungen unserer Stammesverwaltungen mit den Staaten und der Bundesregierung mögen wir uns immer noch mit ethnozentrischen und paternalistischen Einstellungen des 19. Jahrhunderts herumschlagen, doch wir leben im 21. Jahrhundert, und zwar als Individuen, die selbst entscheiden, wer sie sind, und auf dem Fundament dessen aufbauen, was sie sind.

Darin liegt eine Lektion für jeden von uns, sei er Ureinwohner oder nicht: Wir können uns des Vorgangs der Veränderung bewusst sein, dem wir ausgesetzt sind und darüber so viel Kontrolle wie möglich übernehmen. In diesem Sinne sind wir wie der Bogenmacher, der umsichtig, respektvoll und geschickt ans Werk geht, um den bestmöglichen Bogen zu bauen. Doch um unser Leben positiv zu beeinflussen, brauchen wir Wissen und Einsichtsfähigkeit, um zu erkennen, welche Aspekte der Veränderung gut für uns sind und welche nicht. Wenn wir mit dieser Erkenntnis an unsere Veränderung herangehen, benutzen wir *Akkulturation,* anstatt *Assimilation* zuzulassen.

Akkulturation ist ein Vorgang, bei dem man sich frei dafür entscheidet, die kulturellen Merkmale oder sozialen Muster einer anderen Gruppe zu übernehmen. Der Grund dafür, dass manche indigenen Amerikaner noch starke Bindungen zu dem haben, was und wer sie einmal waren, liegt in der Entscheidung für den Weg der Akkulturation – wir bestimmen selbst, was wir werden –, unabhängig davon, was die Befürworter der Assimilation zu erreichen versuchen. Diese Entscheidung ist einer der wichtigen Gründe dafür, dass wir mit einem weitgehend intakten Gefühl für unsere kulturelle Identität im 21. Jahrhundert angekommen sind. Weder Akkulturation noch Assimilation ist einfach oder unbedenklich. Doch es ist sehr viel vorteilhafter, sich aktiv für die Veränderung zu entscheiden, als dazu gezwungen zu werden, denn es ermöglicht uns, die Eigenschaften einer anderen Gruppe auszuwählen, die uns zusagen und von Nutzen für uns sind.

Die erste Generation der Ureinwohner, die mit dem Leben in den Reservaten konfrontiert war (die ersten entstanden Ende der 1860er-Jahre westlich des Mississippi), erlebte am Anfang einen schweren Schock. Man sagte diesen Menschen, sie müssten ihre kulturellen Traditionen, Regeln, Bräuche, Glaubensvorstellungen und ihre Sprache vergessen. Sie waren im wahrsten Sinne des Wortes ein unfreiwilliges Publikum; sie mussten auf die plötzliche Veränderung ihrer Lebensweise reagieren und mit den alltäglichen Notwendigkeiten des Überlebens fertig werden. Sie hatten wenig Zeit und Gelegenheit, den ihnen aufgezwungenen Prozess zu analysieren. Anstelle gegerbter Tierhäute trugen sie auf einmal Kleidung aus Wolle und Baumwolle. Anstelle von Mokassins trugen sie starre Lederschuhe. Anstatt ihre vertrauten und tief verwurzelten religiösen Zeremonien durchzuführen, wurden sie gezwungen, jeden siebten Tag neue Arten von Gottesdiensten zu besuchen. Das Durchhalten, das Hinnehmen und die Anpassung der Eltern an die erzwungene Veränderung hatte Auswirkungen auf die Kinder, die nächste Generation.

Wer durchhielt und an den alten Gewohnheiten und seiner Identität als Lakota festhielt, tat das, weil er eine Möglichkeit zur Anpassung gefunden hatte. Nach außen lebten diese Menschen so, wie die amerikanische Regierung und die Missionare es wollten; innerlich hingen sie an der Sprache, den Glaubensvorstellungen, Gebräuchen und Traditionen, die sie zu Lakota machten. Sie verwandelten Assimilation in Akkulturation und lehrten ihre Kinder, dies ebenfalls zu tun.

Wer die meisten oder alle Aspekte der neuen Lebensweise akzeptierte, gab im Grunde seine Kultur auf und wirkte auf seine Kinder ein, damit sie dies ebenfalls taten.

Dass es heute noch eine lebensfähige Kultur der Lakota gibt, ist eine Folge der Akkulturation. Deshalb wird unser Sonnentanz heute ebenso häufig, wenn nicht öfter aufgeführt als in der Zeit vor den Reservaten. Heute fahren die Teilnehmer in einer Limousine oder einem SUV zum Sonnentanz, anstatt auf einem Pferd zu reiten; sie stellen Nylonzelte neben Wigwams aus Leinwand auf und sitzen auf Gartenstühlen anstatt auf Korbstühlen, doch ihre Herzen und ihr Geist sind wie die ihrer Ahnen.

Gesichter im Wasser des Wandels

Sind wir als Ureinwohner heute eine bessere oder stärkere Version dessen, was wir einmal waren? Oder haben wir uns infolge der Geschichte und der Umstände lediglich verändert?

Je nachdem, welchen Ureinwohner man fragt, wird die Antwort verständlicherweise unterschiedlich ausfallen.

Die parallele Frage für jeden lautet: Können Menschen besser und stärker werden? Können Individuen, Gesellschaften, Kulturen und Nationen besser und stärker werden?

Vielleicht wird uns die folgende Geschichte helfen, die Antworten zu finden. Iktomi, in unserer Mythologie allgemein als der Trickster bekannt, ist das Thema vieler Geschichten, die eine Lektion oder eine

Moral vermitteln sollen. Eine dieser Geschichten passt zum Thema dieser Diskussion.

Iktomi war kein Jäger oder Fischer, er pflanzte auch keine Feldfrüchte an und baute keine Behausungen. Sein Los war es, von seinem Verstand zu leben. Infolgedessen war er ständig in der einen oder anderen Hinsicht arm.

An einem schönen Nachmittag wachte er in einer verlassenen Hütte an einem Hügel auf und beschloss, einen Spaziergang zu machen. Er dachte, er würde vielleicht irgendwo etwas zu essen finden. Iktomi stieg den Hügel hinab und kam an einen Teich mit klarem blauem Wasser. Das traf sich gut, denn er hatte Durst. Als er auf dem Bauch lag, um Wasser zu schlürfen, sah er auf der Wasseroberfläche ein Spiegelbild. Einen Augenblick lang war Iktomi verwirrt, dann begriff er, dass er sein eigenes Gesicht sah. Iktomi freute sich über sein Spiegelbild im Wasser, denn er war von seinem Aussehen sehr angetan. Er verbrachte den Rest des Tages damit, sein Spiegelbild zu bewundern. Nachdem die Sonne untergegangen war, ging er zurück zu der Hütte am Hügel.

Am nächsten Nachmittag stand er wieder am Teich. Obwohl die Sonne schien, war es windig, und auf der Wasseroberfläche kräuselten sich kleine Wellen. Iktomi achtete nicht auf den Wind, streckte sich auf der Erde aus und blickte ins Wasser. Anstatt des hübschen Gesichts, das er erwartete, sah er ein entstelltes. Ungläubig schloss er die Augen und öffnete sie wieder, nur um im Wasser ein Gesicht zu sehen, das sich verzerrte und verbog. Nachdem er ein paar lange Augenblicke nachgedacht hatte, kam Iktomi zu dem Schluss, das merkwürdige Spiegelbild im Wasser sei nicht sein eigenes.

Angewidert beschloss er, etwas zu essen zu suchen, um eine neue Sicht der Dinge zu gewinnen. In einem Traubenkirschengebüsch aß er sich an den Beeren satt und schlief danach ein. Der Wind hatte Regenwolken herbeigetrieben, und die ersten Tropfen fielen. Ein paar trafen Iktomis Gesicht, und bald regnete es richtig. Iktomi spürte die Kühle und erwachte. Er ärgerte sich über den Regen und machte sich eilig auf den Weg zu seiner Hütte.

Der Zufall wollte es, dass er wieder am Teich vorbeikam. Es regnete heftig; das Wasser war grau, und die Regentropfen hatten es trüb werden lassen. Ein dunkler, unklarer Schatten blickte Iktomi daraus entgegen. Der Schatten hatte keine Augen, keine Nase und keinen Mund. Es war nur ein dunkler Klecks. Iktomi wich ängstlich zurück und eilte zu seiner Hütte, um Schutz vor dem Regen zu finden. Dabei fragte er sich die ganze Zeit, wessen Spiegelbild er im Teich gesehen hatte. Ganz sicher war es nicht das seine.

Als Iktomi am nächsten Nachmittag erwachte, war er wieder hungrig, aber auch wütend. Er war sicher, dass der Teich ihm Streiche spielte. Während er in einem Dickicht herumstapfte, kam zufällig Rabbit vorbei und begrüßte den Trickster schüchtern. Es war eine glückliche Begegnung, denn Iktomi wollte mit jemandem über den Teich reden. Er gab einen kurzen Bericht über die nicht gerade befriedigenden Begegnungen mit dem Teich und beschwerte sich darüber, dass der Teich ihm Spiegelbilder zeige, die nicht real seien. Rabbit dachte kurz über Iktomis Geschichte nach und kam zu einem Schluss. Er verriet Iktomi, dass alle Spiegelbilder in der Tat die seinen seien, dass allerdings wegen Sonne, Wind und Regen jedes anders und sogar befremdlich wirke.

Die Antwort brachte Iktomi natürlich keine Klarheit. Welchem Spiegelbild sollte er Glauben schenken, wenn es alle seine eigenen waren, fragte er Rabbit.

Rabbits Antwort war schlicht und ehrlich. Iktomi blieb nichts anderes übrig, als allen zu glauben, ganz gleich, wie gut, wie schlecht und wie befremdlich sie zu sein schienen.

Dann gab Rabbit ihm einen letzten Rat. »Wenn du nicht weißt, wer du bist, dann spielt es keine Rolle, was du glaubst.«

Es gibt verschiedene Möglichkeiten zu definieren, was *besser* und *stärker* für die Ureinwohner oder ganz allgemein für die Menschen bedeuten möge. Kann etwas oder jemand, der im Grunde gut ist, auf dieser positiven Eigenschaft, diesem Gutsein aufbauen und besser werden? Etwas oder jemand Negatives kann im weiteren Kontext der Verbesserung negativer werden. Deshalb sprechen wir in einer globalen Gesellschaft, in der das Positive und das Gute wünschenswert sind, von zwei Arten der Veränderung: Wir wollen, dass das Gute noch besser wird, und wir wollen, dass sich das Negative in etwas Gutes verwandelt.

Ist die erste Veränderung möglich? Wenn die Basis für den oder das Betreffende gut oder positiv ist, kann dann jemand oder etwas besser werden?

Um eine Antwort darauf zu geben, müssen wir zur Frage am Beginn dieses Abschnitts zurückgehen: Sind wir als Ureinwohner heute eine bessere oder stärkere Version dessen, was wir einmal waren?

Der erste Teil der Antwort lautet: Eindeutig sind wir in vieler Hinsicht anders. Unser Land ist viel kleiner – lächerlich klein – und auf beinahe 250 Reservate reduziert. Gemäß den Statistiken des BIA leben 60 Prozent der indigenen Amerikaner außerhalb der Reservate und 40 Prozent in Reservaten. In den Grenzen dieser Gebiete leben wir nach den Gesetzen, der Ordnung und den Regeln der Kultur, die unser Land verkleinert hat. Das bedeutet, sehr wenige von uns nordamerikanischen Ureinwohnern leben wie unsere Ahnen. Ihre Lebensweise wurde dadurch bestimmt, wo sie lebten und wie sie vom und mit dem Land lebten. Wo und wie wir heute leben, wird von den gleichen Wahlmöglichkeiten im Hinblick auf Arbeitsplatz und Karriere bestimmt, die allen anderen in der nordamerikanischen Gesellschaft offenstehen. Unsere Völker sind weit vielfältiger strukturiert als in den Zeiten vor der Ankunft der Europäer. Wir haben uns nicht nur mit Europäern und anderen nicht-amerikanischen Völkern vermischt, sondern auch mehr mit anderen indigenen Stämmen. Daher ist für einen heutigen Ureinwohner eine gemischte Herkunft, ja sogar eine multitribale Herkunft nichts Ungewöhnliches. So mögen sich unter den Ahnen einer Person nicht nur Lakota (Sioux), Diné (Navajo) und Sahiyela (Cheyenne) befinden, sondern auch Franzosen und Schotten.

Unsere Dörfer entsprachen in der Vergangenheit entweder dem nomadischen oder dem sesshaften Leben. Das Dorf übte den ersten, den dauerhaftesten und stärksten Einfluss auf alle seine Bewohner aus – gleichgültig, ob die Behausungen aus Häuten, aus Schnee und Eis, aus Stein, Stroh oder Holz bestanden. Ganz gleich, welchem Stamm sie angehörten, unsere Ahnen vertraten das Prinzip: »Um ein Kind großzuziehen, braucht man ein Dorf.« Wenige von uns sind noch Teil der Dynamik eines Dorfes, der Gemeinschaft von Großfamilie oder Clan. Seit den 1960er-Jahren gab es in den Reservaten im Westen »Wohnbauprojekte« des Ministeriums für Wohnen und Städteplanung (HUD). Den Standort der Häuser legten das Ministerium und die Stammesverwaltung fest. Und wo man lebte, bestimmten nicht die Beziehungen zu Familie oder Gemeinde, seien sie biologischer oder anderer Art. Bewerber wurden und werden auf der Grundlage von Bedarf und Einkommen ausgewählt. Wirtschaftlichkeit und Regulierung sowie Stammespolitik stehen bei diesen Überlegungen heute an erster Stelle.

Doch nun ist eine neue Dynamik ins Spiel gekommen: schnelle Kommunikation. Der technologische Fortschritt macht es möglich, dass weit verstreute Familien in Verbindung bleiben, ganz gleich, ob wir in Reservaten oder außerhalb leben. E-Mail, Mobiltelefone und SMS sind wahrscheinlich die neuen Verbindungen, die uns zusammenhalten, doch sie werden niemals die Umarmungen von Großmutter und Großvater ersetzen.

Während das im Grunde genommen positive Programm für den Bau bezahlbaren Wohnraums in vielen Fällen für das traditionelle Dorf negative Folgen hat, veränderte eine weitere Unternehmung einen anderen Aspekt unserer Kultur. Religion und Spiritualität der indigenen Bewohner befanden sich im Visier der angepeilten Veränderung (wie früher erwähnt). Heute haben die Ureinwohner eine Vielfalt religiöser Glaubensvorstellungen, die anders sind als der traditionelle Glaube unserer Ahnen. Die einen sind Baha'i, andere Buddhisten, und manche haben sich verschiedenen Sekten mit anderen Glaubensvorstellungen angeschlossen. In vielen Reservaten ist das Christentum in unterschiedlichen Ausprägungen sehr präsent. Seit den 1950er-Jahren sind die Ureinwohner von gewöhnlichen Gemeindemitgliedern zu Pastoren und Priestern aufgestiegen.

Zwei Aspekte des Lebens der Ureinwohner sind besonders stark verändert worden: das Rechtswesen und das Erziehungswesen. Indianisches Recht und indianische Bildung waren in den Zeiten vor den Europäern, vor den Reservaten von ganz anderen Vorstellungen geprägt. Das Recht wurzelte in den Regeln sozialen Verhaltens, die sich über Generationen herausgebildet hatten, und die Stammesgesellschaften hatten Mittel und Wege, um mit ungebührlichem Verhalten und Verbrechen fertig zu werden.

Interessanterweise stellten bei vielen Stämmen Verbrechen wie tätliche Angriffe oder Mord keine großen oder durchgängigen Probleme dar. Die Urteile und Strafen für solche Verbrechen waren nicht extrem hart, aber sie waren endgültig. War das Urteil gesprochen und die Strafe verhängt – im Grunde vom ganzen Dorf oder der Gemeinde –, stand es unveränderlich fest und konnte nicht zurückgenommen werden. Diese Unnachgiebigkeit trug vielleicht zur Seltenheit von Gewaltverbrechen bei.

Das heutige indianische Recht basiert auf vom Kongress erlassenen Gesetzen, die eine Reihe von Bedingungen und Umständen geschaffen haben, in deren Rahmen sich die indigenen Stämme und Völker bewegen müssen. Auf einer anderen Ebene, aber nicht weniger wichtig, sind die Gesetze, die seit dem *Indian Reorganization Act* von 1934 von den Stämmen oder für sie verabschiedet wurden. Sie bilden die Grundlage für die Stammesvorschriften, nach denen die Stammesgerichte arbeiten.

Auch die indianische Bildung vor Ankunft der Europäer unterschied sich deutlich von den heutigen Verhältnissen. Indigene Gesellschaften hatten wirkungsvolle Methoden, um Kinder und junge Menschen zu eigenständigen, fürsorglichen und nützlichen Mitgliedern der Gesellschaft zu erziehen. Im Wesentlichen war Bildung ein Vorgang individueller Unterweisung und Betreuung: Mädchen und junge Frauen wurden von ihren Müttern, Großmüttern und Tanten unterrichtet, Jungen von ihren Vätern, Onkeln und Großvätern. Ein solches System verschaffte den Kindern nicht nur ein Grundwissen, sondern es förderte daneben das Selbstbewusstsein und ein Gefühl für den eigenen Platz im Dorf, in der Gemeinschaft und in der Gesellschaft.

Indianische Bildung, wie wir sie heute kennen, nahm ihren Anfang in der Zeit der berüchtigten *Boarding Schools,* als man die Kinder der

Ureinwohner zwangsweise in Schulen unterbrachte, die von der Regierung eingerichtet oder genehmigt wurden, um durch die dortige Erziehung die Kinder mit der euro-amerikanischen Kultur zu indoktrinieren und ihnen die eigene Kultur zu rauben. Aus diesen und anderen Gründen – einschließlich der Tatsache, dass die Kinder Monate oder Jahre getrennt von ihrem Zuhause und ihrer Familie verbrachten, schlecht behandelt und hart bestraft wurden sowie emotionalem, verbalem und sexuellem Missbrauch ausgesetzt waren – konnte diese Form der Erziehung Herz und Verstand der Ureinwohner nicht gewinnen. Im Großen und Ganzen ertrugen indigene Kinder und Familien dieses erzwungene Bildungssystem, weil sie machtlos waren und es nicht ändern konnten.

Die Veränderung setzte wohl in den 1960er-Jahren ein, als indigene Familien und Gemeinschaften begannen, sich verbal gegen die Härten der Bildungspolitik, unsinnige Lehrpläne und die Gefühllosigkeit der Schulleiter und Lehrer zur Wehr zu setzen. Inzwischen machten Ureinwohner ihre Abschlüsse an Colleges und Universitäten und kamen mit einer sehr viel besseren Kenntnis des Bildungswesens in ihre Gemeinschaften zurück. Manche von ihnen waren Lehrer. Gegen Ende der 1960er-Jahre setzten Bemühungen zur Einrichtung von Colleges in Indianerreservaten ein, und das hatte ebenso große oder sogar noch größere Auswirkungen auf das indianische Bildungswesen wie nicht-indianische Schulen und Colleges.

Als Erstes wurde 1968 das Navajo Community College gegründet, Anfang der 1970er-Jahre folgten das Sinte Gleska College (heute eine Universität) im Rosebud-Reservat und das Oglala Lakota College im Pine-Ridge-Reservat. Nach Angaben des American Indian Higher Education Consortium (AIHEC), das seine Existenz den Colleges für Ureinwohner verdankt, gibt es in den Indianerreservaten heute siebenunddreißig höhere Bildungseinrichtungen. Meist handelt es sich um Community Colleges, doch einige bieten auch eine vierjährige Ausbildung an, manche auch Master- oder Promotionsstudiengänge.

Die Bedeutung dieses anhaltenden Phänomens liegt darin, dass die Ureinwohner ein Instrument zur Auslöschung ihrer Kultur in ein nützliches Instrument verwandelt haben. Alle diese Stammesinstitutionen haben zwei grundsätzliche Aufgaben: Sie sollen Sprache und

Kultur der Ureinwohner bewahren sowie indigenen (und anderen geeigneten) Studenten die Möglichkeit bieten, zu Hause eine Ausbildung zu erhalten. Die Aufgaben, die Konzepte und die Mitarbeiter der Colleges sind auf die Bedürfnisse indigener Studenten und der Gemeinschaft in den Reservaten zugeschnitten. Die Einrichtung und der Erfolg solcher Colleges sind eine Errungenschaft, an die zu Beginn der Ära der Internate niemand auch nur gedacht hätte.

Über die Aspekte Land, Rasse, Religion, Recht und Bildung hinaus haben sich viele andere Bereiche des Lebens und der Kultur der Ureinwohner als Folge unseres Kontakts mit Europäern und aus Europa stammenden Menschen, die sich Amerikaner nannten, verändert. Wie die meisten Menschen sind wir die Summe unserer Lebenserfahrungen und der Entscheidungen, die wir getroffen haben.

Zwar waren wir, die heutige Generation Ureinwohner, nicht dabei, wenn unsere Vorfahren einen Vertrag unterzeichneten, in einer Schlacht kämpften, wenn sie ins Gefängnis geworfen wurden oder nach Washington D. C. reisten, doch solche Ereignisse und Vorkommnisse sind Teil dessen, was und wer wir sind. Wir sprechen hier nicht von linearer Zeit. Für viele Kulturen und Individuen ist die Vergangenheit passé und hat kaum oder keine Verbindung zur Gegenwart, doch für uns gilt das nicht. So ist zum Beispiel der Vergleich im Gerichtsverfahren gegen die Bundesregierung wegen des Missmanagements von Milliarden Dollar indianischer Gelder im Jahr 2010 *(Cobell vs. Salazar)* ebenso sehr Teil unserer kulturellen Erfahrung wie die Einrichtung des BIA im Jahr 1824. Dass es überhaupt zu diesem Prozess kam, ist wichtiger als die Frage, wann es dazu kam. So wie die Esche durch das Können und die Werkzeuge des Bogenbauers verändert wird, so haben diese Ereignisse uns Ureinwohner verändert.

Wir unterscheiden uns in vieler Hinsicht eindeutig von unseren Vorfahren, denn die verschiedenen Aspekte unseres individuellen und kulturellen Lebens haben sich im Laufe der Zeit verändert. Und diese Veränderungen hatten ihre Ursachen in der Ankunft der Europäer, die geblieben sind, oder sie wurden dadurch beschleunigt. Wir leben nicht mehr in direktem oder ständigem Kontakt mit der natürlichen Umgebung. Wir ernähren uns nicht mehr hauptsächlich von Jagd, Fischerei, dem Walfang, dem Sammeln oder Anbau von Pflanzen. Jene von uns, die Nomaden waren, sind es nicht mehr, und wir alle leben in dauerhaften Gemeinschaften oder Dörfern, seien sie nun städtisch oder ländlich. Der größte Unterschied ist vielleicht die schwächere Rolle der Alten in unseren Familien und Gemeinschaften; und am auffallendsten ist ihr Fehlen in der Führungshierarchie. In der Vergangenheit wurden viele indigene Gesellschaften auf der Grundlage von Weisheit regiert, und man verließ sich auf die Erfahrung und die Erkenntnisse der Alten. Die modernen Stammesregierungen sind ebenso in Fraktionen zersplittert und politisiert wie jede andere Regierung irgendwo sonst. Unsere Anführer sind Politiker, sie sind nicht unbedingt weise, und sie scheinen auch nicht geneigt, die Weisheit der Alten zu suchen. Ein beliebtes Gesprächsthema unter manchen von uns heutigen Ureinwohnern sind die Lebensweise unserer Ahnen sowie die Fertigkeiten, das Wissen und die Fähigkeiten, die sie brauchten, um vor Hunderten von Jahren in der Prärie, in Eis und Schnee, in den Wäldern oder in der Wüste zurechtzukommen und erfolgreich zu sein. Wenige von uns könnten in einer solchen Umgebung und unter diesen Bedingungen überleben und funktionieren. Worüber manche von uns nicht sprechen, ist die Tatsache, dass einer unserer Ahnen von 1620 oder 1750 in der Welt der heutigen Ureinwohner wahrscheinlich ebenso wenig überleben oder gar erfolgreich sein könnte. Doch er würde es versuchen, so wie wir es versuchen würden, wenn wir uns im Jahr 1620 oder 1750 wiederfänden. Mit der Zeit würden sie und würden wir es vielleicht schaffen. Der grundsätzliche Unterschied zwischen uns heute und ihnen damals mag deshalb nur in der Art unserer Fertigkeiten liegen. Andere Eigenschaften wie Motivation, Wille, Hartnäckigkeit, Mut und Mitgefühl sind vielleicht gleich.

Wenn wir also fragen: »Sind wir besser oder stärker als unsere Vorfahren?«, dann lautet die Antwort: Nein. Wir sind einfach anders, weil unsere Lebensumstände anders sind. Wir sind uns unserer spezifischen indigenen Kulturen heute vielleicht ebenso bewusst, wie sie es damals waren. Doch wir befinden uns in einer Situation, die sie nicht kannten: Wir müssen die sogenannte *Mainstream*-Kultur in Betracht ziehen und den Platz, den sie in unserem Leben einnimmt. Letztlich sind wir heutigen Ureinwohner nicht besser als unsere Vorfahren, denn unsere Realität ist nicht anders, als die ihre es war: Wir müssen die Qualitäten, Tugenden und Werte nutzen, die uns einmalig machen, um zu überleben und Erfolg zu haben, ganz so, wie sie es taten. Das gelingt uns nicht immer, und ihnen ist es genauso ergangen. Trotzdem bemühten sie sich, Erfolg zu haben, so wie wir es tun müssen.

Wenn wir wie Iktomi in den Teich blicken, verwirrt uns vielleicht, was wir sehen, denn unsere Wahrnehmung mag durch eine lange Reihe von Faktoren verzerrt sein. In erster Linie sind das der Einfluss anderer Standpunkte, ein Mangel an realistischem Kulturbewusstsein und eine ungenaue Kenntnis unserer eigenen Geschichte. Und es ist möglich, dass uns nicht gefällt, was wir sehen. Trotzdem sollten wir vermutlich akzeptieren, dass alle Spiegelbilder im Teich unsere eigenen sind. Wir sind nicht besser oder schlechter als unsere Vorfahren, doch wir sind trotzdem durch den Bogenmacher verwandelt worden – durch unseren Kontakt mit den Neuankömmlingen, die in unserem Land geblieben sind.

Was bedeutet Veränderung im Leben des Einzelnen, ganz gleich, wer wir sind?

Die Antwort ist: Wir stehen ständig vor Entscheidungen, die wir treffen oder nicht treffen. Getroffene oder nicht getroffene Entscheidungen führen zu kleinen oder großen Veränderungen. Kleine und große Veränderungen führen zu einem Wandel. Wir können den Wandel so weit als möglich kontrollieren. Das beginnt bereits bei den Entscheidungen. Kontrolle bedeutet, bewusste Entscheidungen zu treffen und mit den von uns herbeigeführten Veränderungen so gut wie möglich umzugehen. Je mehr Kontrolle wir ausüben, desto ähnlicher werden wir dem Bogenmacher, der sich umsichtig, geschickt und sachkundig an die Aufgabe macht, einen Bogen zu bauen.

Wir Ureinwohner wurden wie die Bogenmacher, die ihre Arbeit unter Kontrolle haben, als wir anfingen, etwas über die »herrschende« Kultur zu lernen und immer bewusster im Rahmen dieser Kultur zu funktionieren sowie uns einzubringen. Dadurch begannen wir darauf Einfluss zu nehmen, wie der Vorgang uns beeinflusste. Hauptsächlich dank dieser Kontrolle sind wir, wer und was wir heute sind – neu und anders, mit ein wenig vom Alten, nicht unbedingt stärker oder besser als das Original, aber verwandelt; gerüstet für die Umwelt, in der wir heute leben, und fähig, uns zu behaupten.

Darin liegt der Schlüssel für jeden, Ureinwohner oder nicht, der mit Veränderungen ringt. Ich glaube, niemand ist frei von unerwünschten Umständen, die zur Veränderung in dem führen, was und wer wir sind oder zu sein glauben. Sie können die Veränderung in einem gewissen Maß sogar bewirken. Wenn wir in einen reißenden Strom gerissen werden, haben wir zwei grundsätzliche Möglichkeiten: Wir können uns den Launen der Strömung überlassen und hoffen, am Leben zu bleiben, bis wir das Ufer oder ruhigeres Wasser erreicht haben, oder wir können all unsere Kraft und Geschicklichkeit einsetzen, um zu kontrollieren, was die Strömung mit uns macht.

Selbst für jene von uns, die weitgehend zufrieden mit dem sind, wer und was sie sind, ist der Wandel ein Problem. Jeder neue Tag und jeder neue Umstand, jede neue Situation kann uns in einem kleinen oder großen Maß verändern.

Und selbst wenn wir zufrieden sind mit dem, wer und was wir sind, so können wir uns doch bemühen, besser oder stärker zu werden, wenn wir das wollen. Wir müssen nicht darauf warten, dass etwas oder jemand uns beeinflusst; wir können versuchen, uns selbst zu verändern.

Veränderung kann aus etwas Positivem und Starkem etwas noch Positiveres und Stärkeres machen. Nehmen wir zum Beispiel die Bogenschützen der Lakota in alter Zeit. Vom ersten Augenblick an, als man ihnen Pfeil und Bogen in die Hand gab, strebten sie danach, die besten Schützen zu werden, die sie sein konnten. Es war ein lebenslanges Streben. Von ihrem Geschick mit Pfeil und Bogen hing nicht weniger ab als das Wohl und das Überleben ihrer Familie und ihrer Gesellschaft. In diesem Fall war Veränderung ein kontinuierlicher Vorgang.

KAPITEL II

Einfachheit

Über den Fluss

Bei den Gruppen, die westlich des Great Muddy River lebten, führte die Erwähnung des Namens »Brings the Lance« immer dazu, dass Geschichten erzählt wurden. Es waren nicht so sehr Geschichten von großen Heldentaten, obwohl er auch dafür bekannt war: Viele Geschichten über Brings the Lance handelten davon, dass er einfach lebte, dass er ein Mann weniger Worte war und dass er in der Lage zu sein schien, aus nichts etwas zu machen. All das war wahr, doch hinter Brings the Lance steckte mehr. Keiner vor ihm und keiner nach ihm hat jemals seinen Status und seinen Ruf als Kundschafter erlangt. Kundschafter waren Elitekrieger, bekannt für ihre Fähigkeit, Härten zu ertragen, ihre Aufgabe bei jedem Wetter und unter allen Bedingungen zu erfüllen und tagelang im Gebiet eines Feindes unterzutauchen. Als junger Krieger war Brings the Lance von einer Mission tief im Gebiet eines Feindes im Norden zurückgekehrt und hatte den gefiederten Speer eines bekannten Kriegerführers aus einem feindlichen Dorf mitgebracht. So hatte er sich seinen Namen verdient. Als er immer erfolgreicher wurde, nannten ihn ein paar gute Freunde in Anerkennung seiner Kühnheit einfach »The Lance«: Er hatte sich nur mit einem Messer und einem kurzen Speer bewaffnet in Feindesland gewagt.

Junge Krieger wollten von ihm lernen, damit auch sie die Kunst der Unsichtbarkeit und Verstohlenheit beherrschten. Als The Lance das Alter erreicht hatte, in dem Männer nicht länger auf den Kriegspfad gingen, fragte ihn eines Tages ein junger Krieger, von wem er gelernt habe, ein so hervorragender Späher zu sein. Die Antwort war überraschend.

»Von meiner Großmutter«, erwiderte The Lance.

»Wie das?«, fragte der Krieger ziemlich skeptisch.

»Als ich noch ein Junge war, habe ich sie eines Tages über den Fluss gebracht. Damals hieß ich Little Horn …«

An einem wolkigen Spätsommertag erfüllte Little Horn die Bitte seiner Mutter und half Grass Braid, seiner Großmutter, den Fluss zu überqueren. Es war ein verregneter Sommer gewesen, und deshalb führte der Fluss mehr Wasser als gewöhnlich. Der Junge unterbrach die Spiele mit seinen Freunden zwar ungern, doch er liebte seine Großmutter sehr und genoss es immer, bei ihr zu sein. Für die meisten Dreizehnjährigen war das etwas Ungewöhnliches. Wie sich herausstellte, sollte er diesen Ausflug über den Fluss niemals vergessen.

Zuerst zogen sie ihre Mokassins aus, um den steinigen Flussgrund zu spüren. Little Horn hielt den Gehstock seiner Großmutter fest, damit sie sich gegen die starke Strömung behaupten konnte. In ihrem Leben, das beinahe siebzig Winter umspannte, hatte die alte Frau viele Flüsse überquert. Deshalb mangelte es ihr nicht an Erfahrung, sondern nur an Kraft. Mithilfe ihres geduldigen Enkels erreichte sie das gegenüberliegende Ufer.

Sie machte sich Sorgen, dass die starken Regenfälle vielleicht die Früchte in einem dichten kleinen Traubenkirschengehölz in der Nähe des Flusses abgeschlagen hätten. Dieses Wäldchen hatte sie den ganzen Sommer über im Auge behalten, denn dort gab es immer viele Kirschen.

Großmutter und Enkel gingen gemächlich zu dem Traubenkirschengehölz und pflückten dort einen Beutel voll Kirschen. Auf dem Rückweg zum Fluss öffneten sich die niedrig hängenden grauen Wolken, und es ging ein heftiger Regen auf das Land nieder. Little Horn führte seine Großmutter auf einen Abhang, um dort unter einer großen Pappel das Ende des Platzregens abzuwarten. Doch Grass Braid kannte diese Art Regen. Sie wusste, er würde lange anhalten.

Die Sonne ging schon beinahe unter, als der Regen endete, und die Erde war vollgesogen mit Wasser. Der Regen hatte den Grund aufgeweicht und schlammig gemacht, und das hohe Gras war glitschig. Das Gehen war schwierig.

Da hörten sie es: Aus der Erde drang ein leises Grollen, beinahe wie ein Knurren empor.

»Was ist das, Großmutter?«, fragte der Junge unruhig.

»Eine Flutwelle«, sagte sie. »Wegen des Regens fließen die Bäche über. Das Wasser kann nirgendwo hin als in den Fluss. Wir sollten den Hang weiter nach oben steigen, wenn wir können, bis zum Hügelkamm.«

Vom höchsten Punkt aus beobachteten sie, wie das hellbraune Wasser des Flusses sich in einen dunklen, reißenden Strom verwandelte, der immer noch wie ein wütendes Tier grollte. Holz, Grasbüschel und ganze Bäume trieben in der Flut.

»Wie kommen wir nach Hause?«, fragte der Junge.

»Wir warten ab«, erwiderte Grass Braid ruhig. »Geh und sammle alle kleinen abgestorbenen Äste und Zweige, die du an den Bäumen finden kannst, so lange es noch hell ist. Wir brauchen ein Feuer und einen Platz, wo wir die Nacht verbringen können.«

»Was ist mit dem Dorf?« Little Horn war sehr besorgt und blickte auf den tosenden Strom unter ihnen. Das Wasser hatte sich nicht beruhigt.

»Unser Dorf steht auf der Anhöhe über dem Fluss«, erinnerte die alte Frau ihren Enkel. »Jeder weiß, was der Regen bedeutet. Deshalb glaube ich fest, dass alle in Sicherheit sind. Ich glaube, ich höre sogar die Hunde bellen. Aber sie werden sich Sorgen um uns machen. Wir brauchen ein Feuer, damit sie wissen, dass wir hier und ebenfalls in Sicherheit sind. Dort drüben stehen ein paar Büffelbeerenbüsche. Dazwischen werden wir ein Lager bauen.«

Der Junge hatte noch mehr Sorgen, aber er machte sich wortlos ans Werk. Da draußen gab es Tiere, und es würde bald dunkel sein. Die größten Bedenken hatte er wegen der Bären und Berglöwen. Sein Bogen und die paar Pfeile im Köcher würden gegen beide nichts ausrichten. Er kannte den anderen Grund, aus dem seine Großmutter ein Feuer wollte. Tiere scheuten das Feuer und würden fernbleiben.

Little Horn eilte von einem Dickicht und Gehölz zum nächsten, und es gelang ihm, einen großen Berg abgestorbener Äste und Zweige zusammenzutragen. Keiner war dicker als sein Handgelenk, doch sie reichten, um ein kleines Feuer die Nacht über in Gang zu halten.

Grass Braid entfernte inzwischen im Büffeldorndickicht mit dem Messer einige dornige Äste und baute einen Unterstand. Geschickt verflocht sie Äste zu einem Windschutz, und da sie auch belaubte Zweige verwendete, hielt der Unterstand sogar einen Teil des Regens ab. Aus einiger Entfernung konnte man nicht so leicht erkennen, dass sich ein Unterstand in dem Dickicht befand.

Little Horn hob vor dem Unterstand eine runde Grube aus und entzündete ein Feuer. Die Dämmerung war hereingebrochen. Die Luft war kühl, und ihre Kleidung war immer noch feucht. Die Wärme war eine willkommene Wohltat.

»Du könntest einen Feuerpfeil machen«, sagte die Großmutter. »Schieß ihn hoch in die Luft und über den Fluss, geh aber nicht zu nah ans Wasser. Irgendjemand wird nach uns Ausschau halten und den Pfeil sehen. Dann wissen sie, dass wir in Sicherheit sind.«

Als sich zwischen den Wolken ein paar Sterne zeigten, hatte Little Horn seinen Feuerpfeil vorbereitet, ging den Abhang hinunter und schoss ihn hoch in die Luft. Er konnte den Funkenregen und das kurze Aufflammen sehen, als der Pfeil sich am anderen Ufer in die Erde bohrte. Einige Zeit später kam eine Antwort. Ein anderer Flammenpfeil flog durch die Luft. Die Menschen im Dorf wussten, dass sie in Sicherheit waren.

Hungern mussten sie nicht. Sie hatten Beeren, und Grass Braid trug einen kleinen Beutel mit getrocknetem Fleisch bei sich. Aber sie wussten nicht, wann das Hochwasser zurückgehen würde. Die alte Frau vermutete, es könne ein paar Tage dauern, bevor man den Fluss wieder sicher überqueren konnte. Es blieb ihnen also nichts anderes übrig als abzuwarten und ihren Unterstand zu verbessern, denn es würde mit Sicherheit noch mehr Regen geben. Grass Braid brachte einige weiche, aus Hautstreifen geflochtene Schnüre zum Vorschein und schlug vor, Schlingen auszulegen, um über Nacht vielleicht ein paar Kaninchen zu fangen. Little Horn kannte sich mit Schlingen aus und legte drei um ein Brombeerdickicht weiter oben am Hang.

Danach ließen sie sich für die Nacht nieder und setzten sich nahe an die niedrigen Flammen, um ihre Kleider zu trocknen. Als künftiger Krieger war es Little Horns Aufgabe, Wache zu halten. Daher blickte er nicht ins Feuer. So konnte er leicht sehen, was sich im Dunkeln bewegte.

Am Morgen schien die Sonne, aber es zogen immer noch graue Wolken über den Himmel. Mit dem Licht stellte sich ein Gefühl der Erleichterung ein. Little Horn stieg auf den Hügel in ihrem Rücken und sah die Spitzen der Zeltstangen des Dorfes. Voll Freude berichtete er seiner Großmutter, dass für das Dorf keine Gefahr bestand. In einer der Schlingen hatte sich ein Kaninchen gefangen. Nachdem der Junge es abgezogen und zerteilt hatte, briet Grass Braid es über dem Feuer.

Später am Morgen hörten sie Rufe und sahen eine Gruppe Männer auf der anderen Seite des Flusses, der immer noch angeschwollen war. Little Horn entdeckte seinen Vater unter den Männern. Er ging hinunter zum Ufer und versicherte ihm, dass er und seine Großmutter in Sicherheit seien und dass sie den Fluss überqueren würden, sobald das Wasser zurückginge. Little Horns Vater warf einen mit Steinen beschwerten Beutel über den Fluss, der etwas zu essen enthielt. Danach warf er dem Jungen noch einen langen Speer mit einer Steinspitze hinüber.

Der Junge und seine Großmutter nutzten das Tageslicht, um so viel trockenes Feuerholz zu sammeln, wie sie finden konnten. Außerdem flochten sie dünne grüne Zweige zusammen, um die Abdeckung des Unterstandes zu vergrößern. Das Dach würde sie trocken halten und verhindern, dass der Regen das Feuer löschte. Danach sah sich Little Horn vom Hügelkamm aus um. Er entdeckte in der Ferne zwar Hirsche und Büffel, zu seiner großen Erleichterung aber keine Bären oder Berglöwen.

Das Wasser im Fluss war zum Trinken immer noch zu schlammig. Doch nachmittags erinnerte sich die alte Frau, dass es in einem kleinen

Tal im Westen eine Quelle gab. So war es. Am Ende einer Senke fanden sie mitten in einem Wäldchen aus Eichen und Eschen frisches Wasser, das aus der Erde hervorquoll. Im weichen Schlamm sahen sie Fährten, die der Regen ausgewaschen hatte; deshalb fiel es schwer zu sagen, von welchen Tieren sie stammten. Grass Braid vermutete, dass die Quelle alle möglichen Tiere anzog, von Präriehunden bis zu Bären. Die beiden füllten ihre Wasserflaschen und gingen eilig zum Unterstand zurück.

Little Horn hielt bis zum Sonnenuntergang auf dem Hügelkamm Wache. Auf der Anhöhe am anderen Flussufer sah er dort, wo sich das Dorf befand, den schwachen Schein von Feuern. Der Fluss war immer noch tief, doch das Wasser war zurückgegangen und hatte auf beiden Seiten breite Streifen mit niedergedrücktem Gras und Ablagerungen zurückgelassen. Als die Dämmerung der Dunkelheit wich, sah man Sterne zwischen den Wolkenbändern. Wölfe heulten, ein Käuzchen rief, und Kojoten bellten. Hin und wieder hörte man das schwache Pfeifen eines Elchbullen und das plötzliche Gebrüll eines Büffels. Es waren die Stimmen und Laute, die der Junge sein Leben lang gehört hatte. Doch er hatte sich noch nie so fern von zu Hause gefühlt, obwohl das Dorf nur auf der anderen Seite des Flusses lag.

Grass Braid spürte sein Unbehagen. Sie wusste, ihr Enkel fürchtete sich nicht, doch die Flut, die sie von ihrem Zuhause abschnitt, war für ihn eine neue Erfahrung. Sein Vater und seine Onkel bildeten ihn zu einem guten Jäger und Krieger aus. Der Junge lernte die Lektionen gut, doch manchmal kam das Leben mit der einen oder anderen unerwarteten Lektion dazwischen. An diesem Abend erzählte sie ihm die Geschichte seines Großvaters, ihres Mannes, der erst vor drei Wintern gestorben war. Einige Geschichten hatte Little Horn noch nie gehört. Er hatte nicht gewusst, dass die langen Narben an der rechten Schulter des Großvaters von einer Begegnung mit einem Berglöwen stammten. Jetzt wusste er, woher sein Großvater das Fell mit Kopf, Krallen und dem langen Schwanz hatte. Das Fell war zu einer Bogenhülle und einem Köcher für die Pfeile verarbeitet worden. Niemand hatte so etwas gehabt.

»Wie hat Großvater die Katze getötet?«, fragte er.

»Mit einem kurzen Speer«, erwiderte die Großmutter. »Er hat immer einen bei sich getragen. Die Katze sprang schneller als ein Gedanke von einem Baum, sagte er. Dein Großvater konnte nur auf die Bewegung reagieren, die er aus dem Augenwinkel wahrnahm. Pfeil und Bogen wären nicht schnell genug gewesen. Den Speer hatte er schon in der Hand. Selbst im Alter trug er diesen kurzen Speer bei sich, auch wenn er kaum mehr war als ein Gehstock. Er war immer auf alles vorbereitet.«

Little Horn hatte die Bogentasche und den Köcher, die im Wigwam seiner Großeltern hingen, immer voll Neugier betrachtet. Nun wusste er, wie und weshalb sie entstanden waren. Mit Bildern von seinem Großvater und einem Berglöwen schlief er ein.

Eine weitere Nacht verging und wich einem grauen Morgen. Die Wolken waren nicht mehr so dick und hingen nicht mehr so tief wie am Tag zuvor – ein gutes Zeichen. Um die Mittagszeit kam ein leichter warmer Wind auf und trocknete das Land. Nachmittags stiegen Little Horn und seine Großmutter auf den Hügel über dem Dickicht und setzten sich in die Sonne.

»Wir sind seit drei Tagen auf dieser Seite des Flusses«, bemerkte der Junge.

»Ja«, stimmte seine Großmutter ihm zu. »Drei Tage in deinem Leben sind eine lange Zeit. Drei Tage in meinem Leben sind wie ein Wimpernschlag. Ganz gleich, auf welcher Seite des Lebens wir stehen, alles hat einen Anfang und ein Ende. Wir werden nach Hause gehen, wenn es Zeit ist. Ich habe das Gefühl, dein Vater hat einen Plan.«

Es vergingen zwei weitere Tage, bis die Wolken dünner wurden und sich verzogen. Der Fluss strömte wieder in seinem normalen Bett, doch die Strömung war immer noch stark. Little Horn stand auf dem Hügelkamm Wache und hatte den Speer seines Vaters bei sich. Aus dem Büffelbeeren-Dickicht drang leises Pochen. Er glaubte, seine Großmutter brauche Hilfe, lief eilig hinunter und sah, dass sie Traubenkirschen zerstampfte. Sie hatte am Fluss zwei Steine gefunden. Der eine war größer als der andere; den kleineren benutzte sie als Hammer, und der andere, flachere war die Unterlage. In der Sonne trocknete bereits ein Berg zerstampfter Traubenkirschen. Grass Braid hatte um den Rand des Dickichts einen Streifen Asche von ihrem Feuer gestreut. Sie erklärte ihrem Enkel, dass Schlangen nicht über trockene Asche krochen. Nachdem die Sonne wieder schien und die Erde wärmer war, würden die Schlangen jetzt wieder hervorkommen.

Kurz vor Sonnenuntergang kam Little Horns Vater, der älteste Sohn von Grass Braid, mit Neuigkeiten zum Fluss. Man hatte aus mehreren Schnüren ein langes, starkes Seil geflochten. Am nächsten Morgen würden zwei starke Männer mit seiner Hilfe den Fluss überqueren und Little Horn und seiner Großmutter auf dem Rückweg behilflich sein.

Und so ging am folgenden Tag für Little Horn und seine Großmutter die Zeit im Büffelbeeren-Dickicht zu Ende. Auch der verregnete Sommer ging zu Ende. Er wich dem Herbst, der dem Winter Platz machte. Während die Jahreszeiten vergingen, wurde die Bindung von Little Horn an seine Großmutter stärker. Der nächste Sommer kam, und er ging in Gesellschaft seines Vaters und anderer Männer als frischgebackener Krieger auf seine ersten Erkundungszüge.

Brings the Lance sah den jungen Mann an, der an seinem Feuer saß. Die Geschichte des alten Kundschafters hatte den jungen Mann verwirrt.

»Meine Großmutter hat mich in den fünf Tagen vieles gelehrt«, sagte The Lance. »Alles, was sie über den Fluss mitnahm, war ein Messer, ein leerer Beutel für die Beeren und ein kleiner Packen Trockenfleisch. Das war, was ich sehen konnte. Was ich nicht sehen konnte, war ihre Einstellung zum Leben. Sie hatte eine direkte und einfache Art. In Verbindung mit ihrem beachtlichen Wissen machte diese Haltung sie zu einem sehr starken Menschen.

Allein mit dem Messer konnte sie uns ein bequemes Lager machen. Sie flocht aus grünen Zweigen ein Schutzdach, um den Regen abzuhalten. Sie wusste, dass Tiere wie Bären und große Katzen wegen der Dornen nur ungern in Büffelbeeren-Dickichte eindringen. Sie wusste, dass Schlangen einen Streifen Asche nicht überqueren. Das alles waren einfache Gegebenheiten, aber sie können oft den Unterschied zwischen Leben und Tod ausmachen.

Bevor sie starb, lernte ich alles von ihr, was ich konnte. Sie wusste, dass sie mich lehrte, mein Leben zu leben, aber vielleicht wusste sie nicht, dass sie mich lehrte, ein Kundschafter zu sein.«

Der junge Mann schwieg einen Augenblick nachdenklich. »Heißt das, Großvater«, fragte er leise, »je mehr du im Kopf weißt, desto weniger trägst du in der Hand?«

The Lance lächelte. »Ja. Und je weniger du in der Hand hast, desto schneller kannst du dich bewegen und desto besser kannst du dich verstecken und mit deiner Umgebung verschmelzen. Deshalb konnte ich ein guter Kundschafter sein.«

Wirkungsvolle Einfachheit

Was auch immer man in einem Primitiv-Bogen der Lakota sehen mag: Er ist einfach. Tatsächlich hat ein Pfeil, der uns so viel einfacher erscheint, mehr Teile als der Bogen. Ein Pfeil besteht aus dem Schaft, zwei oder drei Federn, der Spitze und drei Sehnenwicklungen, um die Federn und die Spitze zu fixieren. Er hat also sieben Teile (die Leimtupfer nicht mitgerechnet).

Der Bogen in seiner Grundform hat dagegen nur zwei Bestandteile: das Holz und die Schnur aus Tiersehne. Manche Bogen sind mit Sehnen oder Rohhaut belegt und haben drei Bestandteile.

Pfeil und Bogen zusammen sind ein einfaches Waffensystem – einfach, aber wirkungsvoll.

Es gab drei Versionen des Lakota-Bogens: der lange Jagdbogen, der Bogen für die Büffeljagd und der Kampf- oder Kriegsbogen. Auch die Pfeile gab es in drei Varianten: der lange Jagdpfeil, der kurze für die Büffeljagd und der kurze, dem Kampfbogen angepasste Pfeil.

Zu Pferd ein anderes Wild als den Bison zu jagen war immer eine wohlüberlegte Entscheidung. In der Geschichte der Lakota wurden Bisons nur kurze Zeit vom Pferd aus gejagt. Vor Ankunft der Pferde jagte der Jäger das Wild zu Fuß oder legte sich in einen Hinterhalt. (Diese Jagdmethode war auch noch weitverbreitet, nachdem es Pferde gab.) Die Jagd wurde geplant, denn sie verlangte nicht nur

Geduld und Geschick beim Aufspüren, Verfolgen und Erlegen der Beute. Sollte diese Art Jagd erfolgreich sein, brauchte man den Langbogen.

Der lange Jagdbogen war mindestens eine Handbreit (etwa zehn Zentimeter), manchmal auch mehr, länger als der Kriegsbogen. Die Bogenmacher hatten nämlich erkannt, dass ein langer Pfeil schwerer war als ein kurzer, und ein schwerer Pfeil durchdrang die Tierhaut besser als ein kurzer. Mit dem langen Jagdbogen konnte man einen längeren, schwereren Pfeil abschießen. Die Wurfarme mussten länger sein und »getillert« werden, damit sie sich gleichmäßig biegen ließen, um einen längeren Auszug zu ermöglichen. Alle diese Faktoren erlaubten es dem Jäger, bewusst auf die lebenswichtigen Organe von Hirsch und Elch zu zielen. Nach Ankunft des Pferdes wurde der Büffelbogen, die kürzeste Version des Bogens, bei der Jagd zu Pferde verwendet. Ein kurzer Bogen ließ sich leichter handhaben, besonders bei Geschwindigkeiten von vierzig bis fünfzig Kilometern pro Stunde. Er hatte einen kurzen, überaus starken Auszug und war der robusteste Bogen der Lakota. Ein Großteil seiner Kraft kam von den Sehnen, die in Schichten auf seine Rückseite geklebt waren. Er musste stark sein, denn der Bison hatte eine dicke Haut, kräftige Muskeln und breite Rippen. Der Bogen musste den Pfeil mit genügend Kraft abschießen, um all diese Schichten zu durchdringen.

Der Kriegs- oder Kampfbogen war die einfachste und in größerer Zahl als der Büffelbogen gebaute Variante. Er war meist kurz wie ein Büffelbogen, aber nicht mit Sehnen verstärkt. Dafür gab es einen einfachen Grund: Im Chaos und der Verwirrung einer Schlacht gingen Kampfbogen wahrscheinlich verloren, wurden beschädigt oder zerstört. Ein einfacher, nicht verstärkter Bogen war kein so großer Verlust wie ein mit Sehnen belegter Jagdbogen, dessen Bau beinahe zehnmal mehr Zeit und Anstrengung verlangte. Kriegsbogen waren kurz, denn sie wurden wie Büffelbogen häufig vom Pferderücken aus benutzt. Die meisten Krieger trugen auf Streifzügen oder wenn sie in die Schlacht zogen mindestens einen Ersatzbogen bei sich.

Kriegspfeile und Büffelpfeile ähnelten sich. Beide waren kurz; der Büffelpfeil war manchmal noch kürzer, denn er wurde vom Pferderücken aus abgeschossen, häufig im Galopp oder auf unebenem

Grund. Unter diesen Bedingungen war ein kurzer Pfeil leichter zu handhaben. Beide Pfeilarten waren nur mit zwei Federn befiedert; die Federn befanden sich genau einander gegenüber am Schaft und waren ausgerichtet auf die Kerbe der Nocke. Zwei Federn ermöglichten es dem Schützen, den Pfeil schnell auf die Bogensehne zu legen und abzuschießen. Büffelpfeile wurden immer aus Hartholz wie Traubenkirsche gefertigt. Schäfte aus Hartholz sind schwerer und dauerhafter als Weichholzschäfte, wie etwa die aus Weide.

Jagdpfeile bestanden üblicherweise ebenfalls aus Hartholz, aber sie waren nicht nur länger, sondern ihre Befiederung bestand aus drei Federn. Drei zwischen zwölf und dreizehn Zentimeter lange, gespleißte und getrimmte Federn, die in einem leichten Neigungswinkel an den Schaft geklebt waren, führten dazu, dass der Pfeil sich im Flug drehte und ermöglichten so eine größere Genauigkeit. Für die Befiederung benutzte man alle Arten von Federn, die gerade zur Hand waren, doch der Könner verwendete für einen Pfeil dieselbe Art Feder derselben Vogelart. So wurde zum Beispiel keine Rabenfeder zusammen mit einer Truthahnfeder benutzt.

Jagdpfeile für den Winter oder feuchte Bedingungen befiederte man mit den Federn von Gänsen oder Enten, weil sie wasserabweisend waren. Manche Jäger gingen noch einen Schritt weiter und bestrichen Pfeile, die sie im Winter oder bei nassem Wetter benutzten, dünn mit Öl oder ausgelassenem Fett. Jedes Fett eignete sich dafür, doch viele Jäger bevorzugten das Fett von Enten und Gänsen.

Im Winter oder bei feuchtem Wetter bewahrte man Ersatzsehnen in rauchgetrockneten oder geölten Beuteln auf, um sie trocken zu halten. Feuchte Bogensehnen dehnten sich zu sehr.

Schon bevor aus einem Baum ein Bogen wurde und aus einem dünnen Zweig ein Pfeil, wurde er speziell für den späteren Benutzer vermessen. Die Messung war einfach und sinnvoll. Die Grundlänge des Bogens entsprach der diagonalen Entfernung von der Spitze des Mittelfingers des Schützen bei waagrecht ausgestrecktem Arm bis zur Außenkante der Hüfte auf der entgegengesetzten Körperseite. Für einen Jagdbogen zählte man eine Handbreit dazu oder nahm als Gesamtlänge die Entfernung von der Erde bis zur Oberkante des Schlüsselbeins des stehenden Mannes. Büffelbogen und Kampfbogen waren üblicherweise so lang wie die Entfernung von der Erde zur Hüfte des stehenden Mannes.

Die Länge der meisten Pfeile entsprach der Entfernung von der Ellbogenspitze des gebeugten Arms bis zur Spitze des Mittelfingers zuzüglich einer Handbreite (etwa zehn Zentimeter). Jagdpfeile für die langen Jagdbogen waren weitere zwei Fingerbreit länger.

Das waren allgemein übliche Messmethoden, doch die fertigen Bogen und Pfeile hatten natürlich unterschiedliche Maße, denn nicht alle Bogenschützen waren gleich groß. Um die Pfeile noch persönlicher zu machen, wurde am Nocken- oder Kerbenende in Länge der Federn ein Crest auf den Schaft gemalt. Das Crest bestand aus einem farbigen Band, das sich um den Schaft zog, oder aus einer Reihe bunter Bänder. Für Jagd- und Kriegspfeile benutzte man dasselbe Crest.

Wenn nach der gemeinsamen Bisonjagd die toten Tiere verstreut in der Prärie lagen, kamen die Frauen und Kinder, um sie zu zerteilen. Bei der Suche nach den Bisons, die ihrer Familie gehörten, sahen sie sich die Pfeile an, die in den Tierkörpern steckten, bis sie das Crest des Jägers oder der Jäger der Familie entdeckten.

Alle Teile von Bogen und Pfeil waren auf die einfachste Form reduziert. Die Einfachheit von Konstruktion und Gestaltung machte es leicht, einen Bogen zu bauen. Eine einfache Konstruktion, eine einfache Methode, ein Vorgang mit möglichst wenigen Schritten oder Bestandteilen sicherte bestmögliche Ergebnisse.

Dieses primitive Waffensystem war Ausdruck einer Philosophie, die sich auch im heutigen Leben anwenden lässt: Einfachheit.

Eine einfache Herangehensweise an die Dinge ist immer die beste. Ein Gesetz der Physik besagt, dass die kürzeste Entfernung zwischen zwei Punkten eine gerade Linie ist.

Im Großen und Ganzen bediente sich die alte Kultur der Lakota vor der Zeit der Reservate dieser einfachen Herangehensweise. Die Wurzel jeder Methode oder Einstellung war Einfachheit. Das soll nicht bedeuten, dass das Leben nicht kompliziert werden konnte: das war es häufig. Doch um ein Ziel zu erreichen oder ein Problem zu lösen, gab man immer dem einfachsten Weg den Vorzug.

Wie ich an anderer Stelle geschrieben habe, waren die frühen Jahre meiner Kindheit bei den Großeltern mütterlicherseits glücklich und viel zu kurz. Spätere Zeitabschnitte und eine Vielzahl schwieriger und guter Erfahrungen trugen zu dem bei, wer und was ich heute bin, doch diese frühen Jahre waren meine Grundlage. In dieser Zeit gab es zahlreiche Lektionen zu lernen, und eine der entscheidendsten war die Lektion in Einfachheit.

Sie war deshalb so entscheidend, weil Einfachheit funktionierte. Die Dinge einfach zu halten, war mehr als reine Theorie; es gab Tag für Tag praktische Anwendungen. Meine Großeltern hatten sich für ein einfaches Leben entschieden, um das Beste aus den Ressourcen zu machen, die uns zur Verfügung standen. Sie hatten dieses Leben aber auch gewählt, weil sie einer langen Reihe von Menschen entstammten, die so einfach wie möglich gelebt hatten.

Materielle Reichtümer waren für meine Großeltern nicht wichtig. Ihr Ziel war es, genug zu haben, um zurechtzukommen und sich wohlzufühlen. Ich kann mich nicht erinnern, dass ich ein einziges Mal gefroren oder gehungert hätte. Wenn ich jetzt auf die Zeit bei ihnen zurückblicke, weiß ich, dass sie uns mit allem versorgen konnten, was wir brauchten, um uns glücklich, gesund, sauber, satt und warm zu fühlen. Sie lebten ihren Verhältnissen entsprechend. Ihr begrenztes finanzielles Einkommen stand fest; es kam zum größten Teil von dem Weideland, das meine Großmutter an einen benachbarten Rancher verpachtet hatte. Es gab einen Garten, der bearbeitet und bepflanzt wurde, und wir behielten mindestens die Hälfte der Ernte für uns. Ein großer Teil der anderen Hälfte ging im Tausch gegen Grundnahrungsmittel wie Mehl, Salz, Zucker und Kaffee an ein Lebensmittelgeschäft in der Stadt. Auch Verwandte erhielten etwas.

Einige Male kauften wir von einem unserer weißen Nachbarn ein Hinterviertel vom Rind oder tauschten etwas dagegen ein. Einen Teil des Fleischs aßen wir sofort, doch das meiste wurde für den Winter in dünne Streifen geschnitten und an der Luft getrocknet. Den meisten Mais, den wir ernteten, trockneten wir ebenfalls, genau wie »wilde Rüben« – das waren Knollen mit dicker Haut und langen Wurzeln, die wir Ende Juli und Anfang August ausgruben. Die Haut wurde entfernt, damit die Knollen trockneten, und die Wurzeln der Knollen wurden miteinander verflochten. Ich sehe immer noch die etwa zwei Meter langen Girlanden wilder Rüben an der Wand hängen. Sie schmeckten köstlich in Eintöpfen und Suppen.

Unsere Fleischvorräte wurden durch mindestens ein oder zwei Hirsche ergänzt, die mein Großvater im Herbst und Winter erlegte; im Winter waren Kaninchen eine weitere Delikatesse. Hin und wieder fingen wir in Schlingen auch ein paar Präriehühner, und in Frühling und Sommer Dickkopf-Groppen im Fluss.

Manche Dinge kauften wir, etwa Trockenmilch, Bonbons, Schreibmaterial, Petroleum, Rohbenzin, Lampendochte und nötigenfalls eine neue Lampe. Wir kauften hauptsächlich lebensnotwendige Dinge, die wir nicht selbst herstellen oder produzieren konnten. Bevor ich als kleines Kind zu ihnen kam, hatten meine Großeltern einen großen Küchenherd und einen hohen runden Heizofen erstanden. Sie besaßen einen Wagen und dazu drei Zugpferde und das entsprechende Geschirr. Der Wagen war unser hauptsächliches Transportmittel, doch in vielen Fällen gingen wir auch zu Fuß.

Das einzige moderne technische Gerät in unserem Haus war ein batteriebetriebenes Radio. Auf der Vorderseite hatte es zwei runde Knöpfe und ein fächerförmiges Anzeigefeld mit Zahlen. Die Batterie war etwa von der Größe eines Schuhkartons und passte auf der Rückseite in das Gerät. Jeden Abend, ich glaube um 18 Uhr, schalteten meine Großeltern das Radio ein und hörten die Nachrichten. Das Radio war auf einen Sender eingestellt: WNAX in Yankton, South Dakota, und das änderte sich nie. Es war der einzige Sender mit klarem Empfang. Damals diente mein Onkel, der jüngere Bruder meiner Mutter, beim US-Militär in Korea. (Für mich war die Nachrichtensendung der einzige Anlass, bei dem ich regelmäßig gesprochenes Englisch hörte. Der Gottesdienst am Sonntag zählte nicht, denn der Priester schien nicht immer glücklich mit dieser Sprache zu sein.) Die

Nachrichtensendung dauerte nur fünfzehn Minuten, doch Korea wurde fast immer erwähnt. Ich erinnere mich, als der Krieg endete, hörte meine Familie den Namen meines Onkels zusammen mit den Namen einer Reihe anderer Soldaten, die nach Hause kommen würden. Sein Brief mit derselben Nachricht traf Tage später ein.

Wir lebten etwa zehn Kilometer von der Stadt entfernt und etwa fünf Kilometer westlich eines Nord-Süd-Highways, und so hatten wir kaum unerwünschte Besucher, aber häufig Überraschungsgäste. Es war nichts Ungewöhnliches, dass unsere weißen Nachbarn vorbeikamen. Einer, ein Farmer, war Junggeselle und ein guter Freund der Familie. Doch am meisten freuten wir uns über den Besuch von Lakota-Freunden und Verwandten. Es kam öfter vor, dass einige von ihnen eine oder mehrere Nächte blieben. Wir hatten kein Telefon, und ich hatte keine Ahnung, was das war oder dass es so etwas gab. Meine Großmutter hat 1962 zum ersten Mal ein Telefon benutzt, und mein Großvater überhaupt nicht.

Einfachheit war noch in anderer Hinsicht Teil unserer Jahre auf der Anhöhe über dem Little White River. Auf dem Highway östlich von uns herrschte wenig Verkehr, und wenn dort Autos fuhren, sahen wir sie eher, als dass wir sie hörten. In manchen Nächten sahen wir die Scheinwerfer. In klaren Nächten standen die Sterne hell am Himmel, und es schien beinahe möglich, hinaufzugreifen und sie zu berühren. Mit Sicherheit zogen keine Satelliten über den Nachthimmel, und es gab fast keine Flugzeuge; allerdings flog manchmal bei Tag eine kleine Maschine brummend vorbei. Noch seltener dröhnten sehr große Flugzeuge über uns. Mein Vater sagte, es seien Bomber vom Luftwaffenstützpunkt Rapid City im Westen.

Meist waren die Geräusche von Brise und Wind, von Vögeln und Kojoten zu hören. Nachts waren es Eulen und Nachtfalken und am frühen Morgen das dumpfe Geräusch von tanzenden Hähnen der Präriehühner. Ich erinnere mich an viele ruhige Wintermorgen, erfüllt vom gedämpften langsamen Klappern der Pferde, die zum Fressen zum Heuschober trotteten, oder dem hellen Knallen der Axt, wenn mein Großvater Brennholz spaltete. All diese und noch mehr Geräusche bilden für mich immer noch die Symphonie eines einfachen Lebens – eines Lebens, nach dem ich mich heute mitten im unaufhörlichen Lärm der heutigen Zeit sowohl zu Hause, dem angeblichen Zufluchtsort, als auch draußen immer wieder sehne.

Ich werde daran erinnert, dass Einfachheit weniger hektisch und weniger aufreibend ist. Einfachheit ist Friede.

Manchmal frage ich mich, ob uns moderne Menschen die Einfachheit wirklich nicht mehr retten kann. Ich frage mich, ob sich Lärm und schnelle Bewegung und das Übermaß an Alltagskram irgendwie in unsere DNA eingeschlichen haben. Ich glaube, wir fürchten uns inzwischen vor Ruhe und Stille und der unkomplizierten Art, etwas zu tun. Es scheint uns unmöglich zu sein, durch die Stadt zu gehen ohne Pakete oder die Arme voll von all den Dingen zu haben, von denen wir überzeugt sind, dass wir sie im Alltag unbedingt brauchen. Ich bezweifle, dass wir ohne ein leichtes Gefühl der Panik mit leeren Händen irgendwohin gehen könnten. Ich muss gestehen, dass ich selbst in einem gewissen Maß anfällig dafür bin, wenn ich vergesse, ein Mobiltelefon mitzunehmen. Doch sobald sich dieses Gefühl regt, kommt mir das Haus auf der Anhöhe in den Sinn, dicht gefolgt vom Bild eines Eschenbogens.

Ein solcher Bogen hängt in meinem Büro. Er erinnert mich daran, dass jedes Ding einen Platz und einen Zweck hat. Eines Tages wird er in die Hände meines jüngsten Enkels gelangen, der jetzt fünf Jahre alt ist. Er dient unter anderem dazu, mich an die Einfachheit zu erinnern. Hoffentlich werde ich Gelegenheit haben, meinem Enkel von dieser Eigenschaft zu erzählen. Der Bogen erinnert mich auch daran, dass die schönsten Jahre meiner Kindheit deshalb so schön waren, weil das Leben einfach und schlicht war. Ganz sicher gab es komplizierte Probleme und Umstände, von denen ich damals nichts wusste. So zogen meine Eltern immer wieder um, weil mein Vater eine Arbeitsstelle nach der anderen auf Farmen und Ranches annahm, wo er schwere körperliche Arbeit verrichten musste. Einige Jahre lang ritt er Pferde zu.

Das komplizierteste Problem war, dass eine Beinverletzung meines Großvaters chronisch wurde. Sein Bein war der Grund dafür, dass wir das Blockhaus auf der Anhöhe aufgeben und in die Stadt ziehen mussten. Doch selbst in der Stadt hielten meine Großeltern alles so einfach wie möglich. In unserem Haus gab es keinen Krimskrams, nichts Belangloses. Unser Zuhause war angenehm, sauber und ausreichend, aber nicht im Übermaß möbliert. Wir hatten Elektrizität, doch unsere Küchengeräte waren von Hand zu bedienende Dosenöffner, Kaffeemühlen und Mixer. Meine Großeltern waren zu sehr daran gewöhnt, Dinge selbst zu tun, um den Verlockungen der modernen Annehmlichkeiten zu erliegen. Erst später willigte meine Großmutter in ein elektrisches Bügeleisen, einen Toaster und ein neues Radio ein. Noch viel später gab es einen Kühlschrank, eine Waschmaschine mit einem Wringer und eine elektrische Kaffeemaschine. Für andere waren diese Dinge lebensnotwendig geworden; für meine Großmutter mussten sie ihren Nutzen erst noch beweisen.

Einfachheit liegt in meinen Genen.

Heute habe ich die Absicht, Dinge zu vereinfachen, zu entschleunigen, ein ruhiges Leben, einen ruhigen Platz für mich zu finden. Ganz allgemein will ich damit den Teil meiner Psyche neu beleben, der Einfachheit kennt, und mich an den Unterschied erinnert zwischen Dingen, die ich will, und den Dingen, die ich tatsächlich brauche.

Geräte und Apparate sind inzwischen so zahlreich und komplex geworden, dass die Worte *adäquat* und *einfach* heute eine etwas andere Bedeutung haben als früher. Meine Frau und meine Töchter haben die neuesten Mobiltelefone und Apps, mit denen sie auf den Telefonen E-Mails erhalten können. Sie tippen Texte auf einer Tastatur, die so klein ist, dass nur ein Erdhörnchen die dafür geeigneten Finger hat. Ich verstehe wirklich nicht, wie Menschen sie benutzen können. Ich habe ebenfalls ein Mobiltelefon, allerdings nur ein ganz einfaches Modell, mit dem ich umgehen kann.

Als Studienanfänger im College schrieb ich meinen ersten Englisch-Aufsatz mit der Hand; der Lehrer hatte das den Studenten erlaubt, die keine Schreibmaschine besaßen. Um ein ordentliches Schriftbild sicherzustellen, mussten wir einen Kugelschreiber benutzen. Meine jüngeren Kinder lernten in der Grundschule etwas, was Textverarbeitung hieß, und nun lernen es auch meine Enkel.

Um Ordentlichkeit sorgt sich niemand mehr, nur noch darum, welche Schriftart benutzt wird.

Ich weiß, ich muss den Kontext verlassen, um die Einfachheit wiederzufinden, denn der Kontext hat es an sich, die Richtigkeit von

Menschen, Dingen, Gedanken und Handlungen zu bestätigen, ganz gleich, wie dumm, nutzlos oder schädlich sie sind. Infolgedessen hat *Einfachheit* heute eine andere Bedeutung als in den 1950er-Jahren. Es leuchtet ein, dass die Einfachheit der fünfziger Jahre des 20. Jahrhunderts im Jahr 1900 als viel zu kompliziert betrachtet worden wäre.

Deshalb liste ich hier auf, was Einfachheit in meiner Vorstellung heute für mich bedeutet.

- Es gibt zwar zahllose komplizierte Dinge, Methoden und Ideen, doch ich kann entscheiden, welche, wenn überhaupt, in diesem Augenblick, heute oder jemals Teil meines Lebens sein werden.
- Mit der Fernbedienung des Fernsehgerätes kann ich nicht nur die Sender wechseln, sondern er hat auch eine »Aus«-Taste.
- Ich schreibe SMS und E-Mails, doch ich kann die Leute wissen lassen, dass ich lieber eine Unterhaltung führe, ohne eine Nachricht aufzeichnen oder abhören zu müssen, und dass ich am allerliebsten mit jemandem direkt und persönlich (ohne Skype) rede.
- Ich mache keine Geschäfte mit einer Firma oder einem Unternehmen, das mich zwingt, mir am Telefon eine Liste aufgezeichneter Wahlmöglichkeiten anzuhören.
- Ich mag mich zwar von GPS finden lassen, wenn ich mich verirrt habe, doch ich werde mir nicht von GPS vorschreiben lassen, wohin ich gehen soll. Es fällt mir schwer, mich auf etwas zu verlassen, das kein warmes Blut oder eine Seele hat.
- Ich werde niemals vergessen, dass der Bleistift älter ist als Computer und Drucker.
- Ebenso wenig werde ich vergessen, dass es den Geschichtenerzähler vor dem Buch gab und dass das gesprochene Wort viel älter ist als das geschriebene.
- Tausend Schritte zu gehen ist für meine Gesundheit sehr viel besser, als tausend Kilometer zu fahren.
- Stille ist der Weg, der mich zur Selbsterkenntnis und zu mir selbst führt.
- Fortgeschrittenes Alter ist nur eine Folge des chronologischen Ablaufs. Alle Weisheit, die mit dem Alter einhergehen mag, muss verdient werden.

- Weisheit, die ich mir verdient habe, gehört mir nicht. Sie steht jedem Jüngeren als Geschenk zur Verfügung, der aufrichtig danach sucht.
- Ich werde immer für jedes Maß an Gesundheit dankbar sein.
- Ich werde immer für jeden neuen Tag dankbar sein, an dem ich aufwache.
- Ich werde jeden neuen Tag mit dem Bewusstsein beginnen, dass jene, die vor mir gegangen sind, zusehen und dass jene, die nach mir kommen, das ernten werden, was ich mit diesem Tag anfange.
- Ich werde nicht zulassen, dass das Gute oder Schlechte der Vergangenheit Besitz von mir ergreift, aber ich werde zulassen, dass beides mir Lehren erteilt.
- Ich werde niemals die Menschen vergessen, die mir auf meinem Weg geholfen haben, und ich werde mich bemühen, jenen zu vergeben, die versucht haben, mir Steine in den Weg zu legen.
- Ich werde nie vergessen, woher ich komme.
- Ich werde nie vergessen, dass es meine Pflicht ist, Glück zu schenken, und dass Glück zu schenken der Weg ist, es geschenkt zu bekommen.
- Der Charakter wiegt nichts, doch er hat eine schwerwiegende Wirkung.
- Ich werde nie vergessen, dass ich mit nichts auf die Welt gekommen bin.
- Ich bin fähig, diesen Augenblick und diesen Tag gut zu leben.
- Das alles kann man ohne jedes Hilfsmittel oder Instrument versuchen und erreichen, erkennen und lernen und sich daran erinnern.

Im ersten Kapitel habe ich eine Unterhaltung von Großvätern beschrieben. An jenem Sonntagnachmittag in den 1950er-Jahren sprachen die Großväter über Einfachheit. Ihre Kommentare gehen mir bis heute nicht aus dem Sinn. Einer der Großväter beklagte, dass viele Lebensbereiche überaus kompliziert geworden seien.

Die Großväter schrieben der Kultur der Weißen zwei charakteristische Merkmale zu: laut und kompliziert. So war das Automobil dem Pferd zwar in mancher Hinsicht überlegen, doch es bestand aus vielen Teilen. Wenn auch nur ein Teil beschädigt oder abgenutzt war, funktionierte üblicherweise das Ganze nicht.

Um das weiter zu veranschaulichen, erzählte einer der alten Männer, was es bedeutete, Pacht von einem weißen Farmer einzuziehen, dem er sein Land verpachtet hatte. Die Fläche war über das BIA verpachtet worden. Der Verpächter musste sich an die Geschäftsstelle des BIA in der kleinen Stadt Rosebud wenden. Das war noch der einfachste Teil des Ganzen. Im Büro in Rosebud wurde dem alten Mann gesagt, er müsse warten, bis ein Beamter Zeit habe. Dann musste er sich ausweisen. Danach musste eine Kopie des Pachtvertrags verifiziert werden. Schließlich mussten zwei, manchmal drei Beamte den Antrag auf Auszahlung der Pacht unterschreiben. Der letzte Schritt war die Ausstellung des Schecks. Der Großvater, der die Geschichte erzählte, musste all das wegen des ungeheuren Betrags von dreißig Dollar über sich ergehen lassen. Schließlich musste er mit dem Scheck in ein Geschäft oder zu einer Bank gehen, um ihn einzulösen. Das war nur ein Beispiel dafür, dass alles, was die Weißen taten, kompliziert war. Man konnte nur darüber lachen und sich damit abfinden.

Der alte Mann schloss seinen Bericht mit einer Geschichte über seinen Großvater, der vor langer Zeit mit einem anderen Mann Pferde getauscht hatte. Jeder gab dem anderen den Führstrick seines Pferdes in die Hand, und der Handel war abgeschlossen.

Das Leben ist kompliziert, doch das bedeutet nicht, dass wir es auf komplizierte Art und Weise angehen oder führen müssen. Ich erinnere mich, dass mein Großvater eines Tages einen Kreis auf die Erde zeichnete – einen großen Kreis mit einem Durchmesser von fünfzig bis sechzig Zentimetern. Dann zog er zwei gerade Linien durch die Mitte; die eine horizontal, die andere vertikal.

Der Kreis, so sagte er, war das Leben. Der Punkt, an dem die beiden Linien die Kreislinie berührten, teilte den Kreis in vier Teile: Geburt, Kindheit, Erwachsenendasein und Alter.

Die beiden Linien waren zwei Wege im Leben; der eine war einfach, der andere schwierig. Der leichte war der Schwarze Weg, der schwierige war der Rote Weg. Der leichte Weg war breit und eben, und an seinem Ende gab es nichts. Der schwierige Weg war schmal, er hatte Drehungen und Wendungen und war voller Hindernisse, Verluste und Fehlschläge, Siege und Niederlagen; an seinem Ende standen Stärke und Charakter.

Interessant an dieser Lektion war, dass mein Großvater mir nicht sagte, welchen Weg ich gehen sollte. Er erklärte, das sei ganz meine Entscheidung. Dann folgte ein anderer Rat, den ich nie vergessen habe. Er sagte: »Du kannst denken, sagen und tun, was du willst, solange du bereit bist, mit den Folgen deiner Gedanken, Worte und Taten zu leben.« Die Wahrheit dieser Worte habe ich einige Male auf eine harte Weise erfahren.

Wenn ich Entscheidungen in meinem Leben traf, habe ich mich daran erinnert, wie meine Großeltern ihr Leben lebten. Selbst in den kompliziertesten und verzwicktesten Augenblicken und Umständen versuchten sie, einen einfachen und ruhigen Weg zu finden. Vermutlich war das einer der entscheidenden Gründe dafür, dass sie die beiden emotional ausgeglichensten und spirituell am stärksten gefestigten Menschen sind, die ich in meinem Leben getroffen habe.

Ich denke jedes Mal an sie, wenn ich die elegante Einfachheit und Kraft eines alten Lakota-Bogens betrachte.

KAPITEL III

Bestimmung

Der Hüter der Geschichten

Stone Bear redete mit Blue Shell, seiner Frau, nicht offen darüber, aber ihr Sohn Bird war für ihn eine Enttäuschung. Der Junge war erst zwölf, doch dieses Alter war eine wichtige Wegmarke im Leben eines Lakota-Jungen, denn er stand dicht davor, ein Mann zu werden. Außerdem wünschte sich jeder Mann, dass sein Sohn in die Fußstapfen des Vaters trat. Stone Bear war ein Häuptling im Dorf und ein wichtiges Mitglied der Kit-Fox-Kriegergemeinschaft. Bird schien eher ein Denker als ein Macher zu sein. Er war zwar geschickt im Umgang mit Pfeil und Bogen, doch er beteiligte sich nicht an den üblichen Rangeleien und dem Herumtoben der anderen Jungen. Stattdessen verbrachte er seine Zeit lieber mit dem alten Wasp, dem Hüter der Winterzählungsbilder.

Bird ging durchaus mit auf die Jagd und hielt nachts bei den Pferden Wache. Sein Vater hatte keinen Grund, ihn zu kritisieren oder gar mit ihm zu schimpfen. Der Junge tat immer, was man von ihm erwartete oder verlangte. Stone Bear wunderte sich allerdings darüber, dass Bird Zeichnungen in die Erde ritzte und oft bei einer Gruppe von Großmüttern oder Großvätern saß und ihren Geschichten zuhörte. So verhielt sich kein Junge, der wie sein Vater werden wollte. In Birds Alter hatte Stone Bear seinem Vater in den Ohren gelegen, ihn auf einen Kriegszug mitzunehmen.

Eines Morgens nahm die Situation eine unerwartete Wendung. Der Hüter der Winterbilder erschien vor dem Wigwam von Stone Bear und Blue Shell. Er hatte eine Bitte. Er bat sie um Erlaubnis, ihren Sohn zum Hüter der Geschichten ausbilden zu dürfen. Blue Shell fühlte sich geehrt, dass der weise und geachtete Wasp ihren Sohn für eine so wichtige Aufgabe ausersehen hatte. Stone Bear empfand es ebenfalls als Ehre, doch er machte sich Sorgen, dass Bird niemals die Art Stellung erringen werde, die er selbst als Kriegerhäuptling einnahm. Trotzdem gab er Wasp die Erlaubnis. Bird war aufgeregt, als Mutter und Vater ihm die Neuigkeit mitteilten, und brannte darauf, die Ausbildung zum Hüter der Geschichten zu beginnen.

Niemand im Dorf wusste genau, wie alt Wasp war, doch seit er der Hüter der Geschichten war, hatte er die Ereignisse von über fünfzig Jahren oder Wintern auf seinen Elchhäuten festgehalten – er war bereits bei der vierten Haut angelangt. Die Alten im Dorf erinnerten sich, dass er gerade etwas über dreißig Jahre alt gewesen war, als er damit angefangen hatte. Wasp kannte sein Alter, doch es wäre der Gipfel der Unhöflichkeit gewesen, ihn direkt danach zu fragen.

Die Wintererzählungsbilder waren äußerst wichtig. Im Wigwam des Ältestenrates hingen Elchhäute. Auf jeder Haut sah man Zeichnungen. Die einzelnen Skizzen hielten das bedeutendste Ereignis eines bestimmten Jahres fest. Die meisten Häute waren alt, und die Zeichnungen stammten von Wasps Vorgängern. Jeden Winter saßen der Hüter der Geschichten und die alten Männer während des Frostmondes im Ratswigwam und bestimmten das wichtigste Ereignis des vergangenen Jahres. Es konnte ein gutes oder schlechtes, ein frohes oder trauriges Ereignis sein, und der Hüter der Geschichten zeichnete es auf die Haut mit den Winterbildern. Anhand dieses einen Ereignisses konnte sich der Hüter der Geschichten an andere Dinge erinnern, die im selben Jahr geschehen waren, oder er konnte zurückrechnen und jemandem sagen, wann ein bestimmtes Ereignis stattgefunden hatte. Wasp wusste zum Beispiel, dass siebenundfünfzig Jahre vergangen waren, seit der Stamm Pferde erworben hatte – ein paar Jahre bevor er Hüter der Geschichten geworden war.

Die Menschen berechneten ihr Alter nach den Wintern, die sie erlebt hatten, denn der Winter war die härteste Zeit des Jahres. Die

Winterbilder waren die Aufzeichnungen der vergangenen Winter oder Jahre für das ganze Dorf. Der Hüter der Winterbilder war für die Wahl des Mannes verantwortlich, der sein Nachfolger werden sollte. Hin und wieder handelte es sich um einen seiner Söhne oder Enkel. Doch Wasps Kinder lebten nicht mehr, und da Bird ein besonderes Interesse an Geschichten zeigte, stimmen alle darin überein, dass er die beste Wahl sei.

Wasp war ein weiser Mann. Er wusste, was Stone Bear über seinen Sohn dachte. Daher ermunterte er den Jungen, den Pfad des Kriegers zu akzeptieren. Schließlich gab es viele Dinge im Leben, die alle gemeinsam hatten, und Wasp wollte, dass sein Nachfolger eine Vielzahl unterschiedlicher Erfahrungen sammelte. Er war der Ansicht, ein Geschichtenerzähler müsse das Leben erfahren, um die Geschichten richtig zu erzählen. Also begleitete Bird seinen Vater auf Kriegszügen, und er begann das Leben eines Kriegers zu erlernen und zu verstehen. Wenn er nicht auf dem Kriegspfad war, lernte er weiterhin die Kunst, Geschichten zu behüten und zu erzählen.

Um die Geschichten zu bewahren, musste Bird lernen, wie ein Hüter der Geschichten Zeichnungen anfertigte. Alle Hüter der Geschichten benutzten dieselben Symbole. So stellte ein Kreis, von dem Strahlen ausgingen, die Sonne dar, und er symbolisierte einen Tag. Drei Sonnen standen für drei Tage. Eine lange waagrechte Linie von links nach rechts, die sich nach oben kringelte und einen kleiner werdenden Kreis beschrieb, stand für einen Schneesturm. Punkte, die in einer vertikalen Linie vom Himmel kamen, bedeuteten Regen. Der Schädel einer Weißbauchziege (Gabelhornantilope) stand für Trockenheit.

Die Bedeutung anderer Symbole war offensichtlich. Die Zeichnung von Menschen, die ihr Lager aufgaben, zeigte, dass sie nach Westen zogen, wenn sie sich von rechts nach links bewegten. Die Bewegung von links nach rechts verriet, dass sie nach Osten unterwegs waren. Von oben nach unten bedeutete, sie wanderten nach Süden, von unten nach oben, dass sie nach Norden zogen.

Ein Hüter der Geschichten konnte die von jedem beliebigen seiner Vorgänger angefertigten Zeichnungen betrachten und anhand der Symbole die dargestellten Ereignisse deuten. Doch Bird musste sich auch mehrere bedeutsame Ereignisse einprägen, die zu Lebzeiten von Wasp stattgefunden hatten. Alles in allem durfte man die Pflichten eines Hüters der Bilder nicht auf die leichte Schulter nehmen, denn durch ihn wurde die Geschichte des Volkes bewahrt.

Bird ließ also die Jugendzeit hinter sich. Er wurde so groß wie sein Vater und erbte die unerschöpfliche Geduld seiner Mutter. Irgendwann warb er um die Tochter eines bedeutenden Kriegerhäuptlings und nahm sie zur Frau. Wenn es nötig war, folgte er dem Aufruf zur Verteidigung des Stammes gegen Feinde und begab sich auf den Kriegspfad. Und als Jäger war er immer ein mehr als guter Versorger. Wie die meisten Jäger hinterließ er Fleisch an den Eingängen der Wigwams von Witwen und Alten.

Wasp starb, noch bevor Bird fünfundzwanzig Jahre alt war. Nach dem Tod seines Freundes, Lehrers und Vorgängers war Bird der einzige Hüter der Geschichten im Dorf. Stone Bear und Blue Shell waren stolz auf ihren Sohn und auf Yellow Quill, die Enkeltochter, die das Paar ihnen schenkte. Bird hatte nicht das Ansehen seines Vaters als Krieger gewonnen, doch alle im Dorf wussten, dass ihre Geschichten von einem guten Mann bewahrt wurden, der seine Bestimmung kannte und sich ihrer als würdig erwies.

Eines Tages erreichten bestürzende Nachrichten das Dorf. Mehrere bärtige weißhäutige Männer waren den Muddy River heraufgekommen und hatten die Mündung des White Earth River erreicht. Dort hatten sie mithilfe der Zeichensprache mit Lakota-Kriegern verhandelt, die auf Patrouille am Fluss unterwegs waren. Die weißen Männer gaben zu verstehen, dass sie gekommen seien, um zu handeln, und ihre Kanus waren beladen mit Waren.

Die Nachricht verbreitete sich in den Dörfern der Lakota wie ein Lauffeuer. Weißhäutige Männer waren nicht unbekannt, denn hin und wieder wurden sie in Geschichten erwähnt. Manche Menschen hielten sie für real, andere glaubten, es seien nur Gestalten in Geschichten, mit denen man die Kinder ängstigte, wie der Riese mit den zwei Gesichtern. »Wenn du deiner Mutter nicht folgst, kommen die weißen Männer und nehmen dich mit«, war eine weitverbreitete Ermahnung. Doch die Stammesältesten wussten, dass etwas so Ungewöhnliches und Spezielles wie *Männer mit weißer Haut* keine Erfindung sein konnte. Sie wussten, beinahe alles in den Geschichten hatte seinen Ursprung in der Wirklichkeit. Deshalb mahnten die Alten im Hinblick auf die weißen Händler zur Vorsicht.

Manche Menschen hielten sich nicht an den Rat der Alten und machten sich eilends auf den Weg zu White Earth River, um mit eigenen Augen zu sehen, ob es möglich war, dass Männer weiße Haut und Bärte hatten. Alte Männer aus mehreren Dörfern riefen Kriegerhäuptlinge, darunter auch Stone Bear, zu einer Ratsversammlung zusammen. Sie schlugen vor, eine große Schar Krieger zu den Weißhäuten zu entsenden, um ihnen zu zeigen, dass die Lakota ein starkes Volk waren. Die Kriegerhäuptlinge folgten dem Rat der Ältesten. Einer der Männer wandte sich an die Hüter der Geschichten mehrerer Dörfer und bat sie, auf ihren Winterbildern nachzusehen, ob dort etwas über Männer mit weißer Haut festgehalten war. Bird erinnerte sich, dass Wasp einmal solche seltsamen Männer erwähnt hatte. Wenn sie in Kanus kamen, waren sie wahrscheinlich auf dem großen Fluss gekommen, dem Muddy River. Er zog die Winterbilder von Wasp zurate, die inzwischen zum größten Teil zusammengerollt im Ratswigwam aufbewahrt wurden. Und seine Suche war bald erfolgreich. Mitten auf einer von Wasps Elchhäuten stieß er auf eine Zeichnung, die unverkennbar Männer – bärtige Männer – in langen schmalen Kanus darstellte. Jemand mit einem Bart war kein Lakota, da Lakota-Männer keine Gesichtsbehaarung hatten – oder zumindest nicht genug für lange dichte Bärte. Bird zählte beinahe vierzig Winter rückwärts. Die bärtigen Männer waren in das Gebiet der Lakota gekommen, als Wasp in seinen besten Jahren gewesen war. Über der Skizze der Männer mit den Bärten befand sich eine Schlange, das Symbol für Feinde. Die Bärtigen waren nicht als Freunde gekommen.

Die Skizze enthielt auch einen langen, an einem Ende nach unten gekrümmten Gegenstand. Aus dem anderen Ende spie der Gegenstand so etwas wie Hagelkörner in die Luft. Bird suchte in seinem Gedächtnis, und aus den Tiefen der Geschichten, die Wasp ihm erzählt hatte, stiegen zwei Worte auf: heiliges Eisen. Das heilige Eisen, so hatte Wasp gesagt, war eine mächtige Waffe, die weiße Männer benutzten. Diese Waffe konnte auf eine größere Entfernung als Pfeil und Bogen töten. Bird rollte Wasps Winterbildhaut zusammen und ritt seinem Vater nach, der als Anführer eines Kriegertrupps zu den weißen Männern unterwegs war. Als er das kleine Dorf erreichte, das am Nordufer des White Earth River entstanden war, zeigte er seinem Vater Wasps Zeichnung. Danach berichtete er allen Kriegern von der Geschichte, die sein Vorgänger gezeichnet hatte: eine Geschichte, die eine Warnung enthielt. Wasp hatte vor den bärtigen Männern gewarnt, die vor beinahe vierzig Jahren den Fluss heraufgekommen waren; es waren Feinde gewesen und sie hatten eine mächtige Waffe. Stone Bear zweifelte nicht an dem, was sein Sohn, der Hüter der Geschichten, sagte. Jeder wusste, dass es die heilige Pflicht des Hüters der Geschichten war, die Wahrheit zu sagen. Deshalb entschied er, äußerste Vorsicht sei das Beste.

Es dauerte nicht lange, bevor man fünf Männer mit weißer Haut und Bärten den White Earth River heraufkommen sah.

Es war Spätsommer, deshalb war der Fluss nicht tief und das Wasser war kalkweiß – daher kam sein Name. Die Weißen paddelten in drei Kanus stromaufwärts, die sie manchmal über die Sandbänke ziehen mussten. Die Fremden trugen lange Waffen aus Holz und Eisen, wie sie auf Wasps Zeichnungen zu sehen waren.

Die Menschen, die im Tal des White Earth River warteten, erzählten die Geschichte noch viele Jahre später. Sie waren Zeuge gewesen, als eine neue Art Menschen in das Gebiet der Lakota kam. Die auf Wasps Winterbilder-Haut gezeichneten Geschichten hatten gewarnt, dass die neuen Menschen vielleicht keine Freunde waren. Deshalb versteckten Stone Bear und die anderen Kriegerhäuptlinge ihre Männer zwischen den dichten Pappelgehölzen an beiden Ufern. Die Neuankömmlinge waren sichtlich angespannt und unsicher, und jeder hielt seine Waffe in der Hand. Als die Lakota durch Zeichen zu verstehen gaben, dass sie gekommen waren, um zu handeln, wirkten die bärtigen Männer erleichtert. Beide Seiten beobachteten sich interessiert und verhielten sich sehr vorsichtig. Die Fremden zogen ihre beladenen Kanus ans Ufer und zeigten Waren, die sie mitgebracht hatten: Messer aus Eisen, kleine eiserne Kessel, Stoffballen in verschiedenen Farben und winzige, bunte durchlöcherte Samenkörner (Glasperlen). Mit Zeichen gaben sie zu verstehen, dass sie diese Dinge gegen Biberpelze eintauschen würden. Nachdem die Lakota-Krieger Hirsche und Antilopen ins Dorf gebracht hatten, gab es am nächsten Tag ein Festmahl. Die bärtigen Weißen waren klein, sehr blass und dünn. Offenbar hatten sie eine lange, schwierige Reise hinter sich. Es gab auf beiden Seiten viele Fragen, doch nicht alle konnten durch die Sprache der Hände beantwortet werden. Die Lakota-Krieger sahen alle, dass die Fremden ihre langen Waffen bereithielten. Am Nachmittag führten die Fremden diese Waffen vor.

Zweifellos wollten sie Furcht hervorrufen – eine kluge Taktik, wenn man bedachte, dass sie zahlenmäßig ja weit unterlegen waren. Niemand, selbst ein erfahrener Krieger wie Stone Bear nicht, war auf das donnernde Geräusch des heiligen Eisens vorbereitet. Die weiße Rauchwolke, die aus dem Ende der Waffe hervorquoll, war beinahe ebenso eindrucksvoll. Dadurch, dass die weißen Männer die Macht ihrer Waffen demonstrierten, zeigten sie aber auch ihre Schwäche. Es stimmte, das heilige Eisen hatte einen kleinen toten Baumstamm auf eine Entfernung von fünfzig Schritten zersplittert. Doch um die lange Waffe für den nächsten Schuss vorzubereiten, musste der Mann ein schwarzes Pulver in die Öffnung an einem Ende schütten, dann eine kleine Kugel in die Öffnung geben, die Kugel mit einem Holzstock tiefer schieben und auf einen Punkt am anderen Ende ebenfalls schwarzes Pulver schütten. Während einer der Männer das alles tat, zählte Stone Bear bis auf achtzig. Stone Bear schätzte, dass einer seiner Krieger in dieser Zeit mit seinem Bogen acht bis zehn Pfeile abgeschossen hätte. Sobald ein Pfeil in der Luft war, konnte der nächste auf die Sehne gelegt und abgeschossen werden – das alles würde nur so lange dauern, bis man auf acht gezählt hatte. Stone Bear war zwar von den Waffen der Fremden beeindruckt, doch eingeschüchtert war er nicht. Später am Abend berichtete er den anderen Kriegern von seinen Beobachtungen.

Am nächsten Tag ging er mit den fünf Fremden zu einer kleinen Wiese am Fluss. Dort führten auf sein Verlangen mehrere Jungen ihr Können mit Pfeil und Bogen vor. Stone Bear warf einen mit Gras und Schnüren gefüllten Lederball in die Luft. Alle Jungen trafen ihn immer und immer wieder oder verfehlten ihn nur um Haaresbreite. Den bärtigen Männern entging die Bedeutung der Vorführung nicht.

Die Fremden blieben beinahe einen Monat in ihrem Lager. Während dieser Zeit fingen und häuteten die Lakota-Krieger genug Biber, um sie gegen all die Waren einzutauschen, die die bärtigen Männer mitgebracht hatten. Eines Tages fuhren die Fremden mit ihren Kanus voller Biberpelze davon und signalisierten, dass sie wiederkommen würden. Im nächsten Sommer warteten die Lakota vergeblich, doch die Händler kamen zwei Jahre lang nicht wieder.

In den Jahren nach dem Winter der bärtigen Fremden – so wurde diese Zeit bei den Menschen bezeichnet, die ihr Lager am Muddy River aufschlugen – dachte Stone Bear oft über diesen Besuch nach. Dabei wurde ihm immer wieder eines klar: Hätte Bird nicht Wasps Warnung richtig gedeutet, wären die Menschen von den Waffen der Fremden, den heiligen Eisen, wahrscheinlich eingeschüchtert worden. Sie wären vielleicht von etwas eingeschüchtert worden, was sie nicht kannten. Doch die schlichte Tatsache, dass Bird in Erfahrung gebracht hatte, dass weiße bärtige Männer mit solchen Waffen schon einmal da gewesen waren, hatte sie auf die Situation vorbereitet.

Im Herbst nach der Abreise der Fremden gingen Stone Bear und Bird nach angemessenen Vorbereitungen unter der Anleitung eines Medizinmannes auf die Jagd. Stone Bear wollte einen Elch erlegen. Er wollte nicht nur das Fleisch, sondern auch die Haut.

Nach der erfolgreichen Jagd säuberten Stone Bear und Blue Shell die Haut, bereiteten sie vor und gerbten sie mit einer Mischung aus Öl und Elchhirn. Als sie fertig waren, hatten sie einen wunderbaren Umhang. Auf der einen Seite hatte er dichte, cremefarbene Haare, die andere Seit war weich, glatt und beinahe schneeweiß. Darauf würde ihr Sohn, der Hüter der Geschichten, die Bilder zeichnen, die die Geschichten ihres Volkes erzählten.

Bird stand niemals im Wigwam der Kriegergesellschaften und berichtete von seinen Taten als Krieger. Dieses Ritual war als »von den eigenen Siegen erzählen« bekannt und wurde von allen Kriegern durchgeführt. Bird begab sich zwar viele Male auf den Kriegspfad, doch er hatte eine andere Berufung, eine Bestimmung. Und Stone Bear erkannte, dass sein Sohn für die Ehre geboren worden war. Durch Birds Berufung wurde das ganze Volk geehrt. Bird war ein Geschichtenerzähler, der dazu berufen war, die Geschichten seines Volkes zu erzählen und so seine Geschichte zu bewahren. Er folgte dieser Berufung bis ins hohe Alter und gab sie dann weiter an seinen Sohn Stone Bear, der nach seinem Großvater benannt worden war.

Eines der letzten Bilder, die Bird auf die Elchhaut zeichnete, die er von seinem Vater und seiner Mutter bekommen hatte, erzählte eine problematische Geschichte. Es war das Bild eines großen Bootes, das einen viereckigen Flügel zu haben schien. Auf diesem und in anderen kleineren Booten, die es begleiteten, befanden sich weiße, bärtige Fremde – vierzig von ihnen. Wie ihre Vorgänger trugen auch diese bärtigen Männer die langen, rauchspeienden heiligen Eisen.

Später, lange nachdem Bird gestorben war und einige Menschen die Sprache der bärtigen Fremden lernten, erfuhren sie, dass der Winter der Bootsmänner bei den Weißhäuten als »das Jahr 1804« bekannt war. Im September dieses Jahres war eine Expedition unter der Leitung von Meriwether Lewis und William Clark auf dem Missouri (den die Lakota »Great Muddy River« nannten) nach Norden gereist und hatte das Gebiet der Lakota durchquert.

Die Macht der Bestimmung

Sehr wenige Dinge in der Welt symbolisieren Funktion und Bestimmung so deutlich wie ein Primitivbogen und ein Pfeil der Lakota. Vor langer Zeit wurde beides bei Hochzeitszeremonien benutzt, um genau das zu vermitteln. Man bat einen weisen, geachteten alten Mann, zu Braut und Bräutigam und der versammelten Gesellschaft zu sprechen. Er stand mit Pfeil und Bogen in der Hand vor der Gruppe und redete.

Er hielt keinen Vortrag, sondern er sprach Worte des Rates für das junge Paar und der Erinnerung für die Ehemänner und Ehefrauen des Dorfes. Er begann damit, dass er erklärte, der Bogen sei weiblich, weil er ein Geschenk des Mondes war, und Mond war eine Frau. Der Pfeil war männlich, denn er kam von der Sonne, und Sonne war ein

Mann. Der Bogen hatte die Funktion, einen Pfeil zu senden, und die Funktion des Pfeils war es, zu fliegen.

Doch erst durch die Verbindung ihrer Funktionen finden und erfüllen Bogen und Pfeil ihre gemeinsame Bestimmung: das Ziel zu treffen. Die Zuhörer verstanden die Symbolik dieser Lektion, denn Pfeil und Bogen waren in jener Zeit ein integraler Teil des Lebens.

Nachdem er das junge Paar beschworen hatte, wie Pfeil und Bogen zu sein, schoss der alte Mann den Pfeil mit dem Bogen und sandte ihn als sichtbaren Wunsch für ein langes gemeinsames Leben, so weit er konnte (oftmals hundertfünfzig Meter oder mehr).

Bei der unendlichen Vielfalt an Geräten, die in der einen oder anderen Weise auf unsere visuelle Wahrnehmung einwirken, sind wir wahrscheinlich oft nicht in der Lage, auf den ersten (oder wenigstens auf den fünften) Blick zu sagen, was es jeweils ist oder wozu es dient. Doch die Funktionen von Bogen und Pfeil sind allgemein bekannt, ganz gleich, um welchen Bogen und um welchen Pfeil es sich handelt (modern, traditionell oder primitiv, Jagdbogen, Recurvebogen, Langbogen, Reflexbogen, Deflexbogen, Kompositbogen oder Armbrust). Selbst jemand, der kein Bogenschütze ist, kennt die Funktion von Pfeil und Bogen: der Bogen sendet den Pfeil, und der Pfeil fliegt.

Leider haben wir modernen Menschen Pfeil und Bogen alle Bedeutung genommen, die sie anfangs besaßen. Sie sind jetzt triviale, seelenlose Objekte. In der entwickelten Welt dienen Bogen heute mindestens einem doppelten Zweck: sie werden entweder für das Scheibenschießen verkauft oder für die Jagd. Bogenschießen ist eine olympische Sportart, und viele Schützen nehmen professionell an Wettkämpfen auf der ganzen Welt teil. Bogenjagd ist weltweit ein beliebter Sport, der immer größere Verbreitung findet. Alles in allem ist das Bogenschießen eine Milliardenindustrie.

Echte Primitivbogen und -pfeile werden heute nur noch in den abgelegenen Dschungelgebieten des Amazonas, oder wo sonst noch primitive Gesellschaften überlebt haben mögen, gebaut und benutzt. Der weise alte Mann der Vergangenheit hatte recht: Funktion ist etwas anderes als Zweck oder Bestimmung.

Wie Pfeil und Bogen, so hat jeder von uns eine andere Funktion, die in erster Linie an die Arbeit geknüpft ist, die wir ausüben, für die wir ausgebildet wurden oder die wir gelernt haben. Doch Arbeit und Funktion wechseln. Ich war in meinem Leben bisher unter anderem Lehrer, Arbeiter, Dachdecker, Programmadministrator, politischer Berater, Regierungsbeauftragter, und ich habe Angebote ausgearbeitet. Wo ist in all dem eine Bestimmung zu finden?

Wie die meisten Menschen habe ich eine Arbeit angenommen, um meine Familie zu ernähren. Ich habe meine Arbeit ausgeführt, um meinem Arbeitgeber bei der Erreichung seiner Ziele und der Erfüllung seiner Aufgabe insgesamt zu helfen. Wenn es einen höheren Sinn hatte, dass ich die Arbeit annahm, dann lag er vielleicht darin, dass ich die kulturellen und gesellschaftlichen Erwartungen an einen Mann erfüllte: dass er ein guter Versorger sein soll, ein Mitglied der Gemeinschaft, das seinen Beitrag leistet.

Meine Aufgaben können mit jeder Arbeit wechseln und haben das auch getan, doch die Aufgabe stand jedes Mal im Zusammenhang mit allen Facetten dessen, wer und was ich bin.

Jetzt bin ich Autor, aber ich bin auch Bogenschütze. Um genau zu sein, bin ich sogar schon länger ein Bogenschütze als ein Autor. Als Bogenschütze übe ich aus zwei Gründen oder für zwei Ziele regelmäßig. Zum einen übe ich aus reiner Freude, und es gibt nichts Schöneres als die Freude und Befriedigung darüber, etwas zu bestätigen. Zweitens übe ich, um ein besserer Schütze zu werden. Ein besserer Schütze zu werden war sechzig Jahre lang (mit Unterbrechungen) immer mein Ziel und mein Streben. Doch meine Zielsetzung als Bogenschütze endet damit nicht. Der Stil, den ich beim Schießen in erster Linie benutze, ist der Primitivstil der Lakota, für den ein fliegender Anker und ein kurzer Auszug charakteristisch sind. Die meisten Bogenschützen benutzen einen Ankerpunkt; das heißt, sie ziehen den Pfeil (ziehen die Bogensehne zurück) und berühren einen Punkt, sei es seitlich des Mundes oder das Kinn. Das bedeutet, sie müssen die Sehne um die gesamte Pfeillänge zurückziehen. Die hauptsächliche Methode der Lakota kennt keinen Ankerpunkt (fliegender Anker) und auch nicht den Auszug um die gesamte Pfeillänge. Deshalb ist es mein drittes Ziel, einen wenig bekannten Aspekt von Kultur und Geschichte der Lakota zu bewahren.

Unsere Aufgaben nehmen kein Ende. Und wenn wir uns dafür entscheiden, können wir sie finden.

Manche von uns fragen sich: Wie finde ich den Sinn meines Lebens? Wozu bin ich auf der Welt? Zum Beispiel werde ich immer wieder gefragt: Weshalb sind Sie Autor geworden? Wie habe ich herausgefunden, dass meine Bestimmung das Schreiben ist? Die Antwort beginnt mit meinen Großeltern, wie es die meisten Dinge in meinem Leben immer noch tun.

Meine Großeltern haben mich vieles durch Geschichten gelehrt. Familiengeschichte, Ereignisse, Situationen, Zwangslagen – alles enthielt eine Lektion. Meist wurde die Lektion absichtlich erteilt, manchmal wurde sie unbeabsichtigt erkennbar. Meine Großmutter erzählte mir zum Beispiel von ihrer jüngeren Schwester Fannie, die mit achtzehn Jahren an Grippe erkrankte und starb. Fannie siechte wochenlang dahin, bis sie der Krankheit erlag, und meine Großmutter beschrieb die starke geistige Haltung ihrer Schwester und das Gefühl von Frieden am Ende. Sie schilderte kleine Einzelheiten, etwa wie dankbar Fannie für jeden Löffel Suppe war und dass sie, als es dem Ende zuging, nur noch meiner Großmutter zuliebe etwas zu sich nahm. Die Geschichte handelte von Fannie, doch meine Großmutter verriet indirekt und unabsichtlich etwas über sich: die Zuneigung zu ihrer Schwester. Sie war Fannies Krankenpflegerin und Betreuerin, die praktisch nie von ihrer Seite wich und später tagelang an ihrem Grab saß.

Als Teenager begriff ich die Macht von Geschichten. Außerdem erlebte ich direkt, wie gut beide Großeltern ihre Geschichten erzählten. Ich wollte so werden wie sie (und will es immer noch), und ich wollte Geschichten erzählen können wie sie. Obwohl es mir ab und zu in den Sinn kam, brachte ich nie den Mut auf, sie zu bitten, mich zu lehren, wie man ein Geschichtenerzähler wird. Es stellte sich heraus, dass sie es mir nicht beibringen mussten. Das ganze »Wie« war da – der Ton, die Gesten, die Gefühle, die Details, das Wissen und die Art und Weise des Vortrags. Doch sie waren nicht die einzigen Geschichtenerzähler, die ich kannte. Mich umgab eine ganze Gemeinde von Geschichtenerzählern, einschließlich der Freunde und Verwandten meiner Großeltern, und mit vielen von ihnen hatten wir ziemlich regelmäßig Kontakt. Gesellschaftliche Anlässe, Freunde und Familienangehörige, die zu Besuch kamen oder die wir besuchten, machten solche Treffen möglich. Und jeder dieser Anlässe bedeutete, dass Geschichten erzählt wurden. Geschichten waren meine Bücher und mein Fernsehen.

Ich wurde von meinem Wunsch, Geschichtenerzähler zu werden, zunächst abgelenkt, denn ich kam in die Schule. Und wie Generationen von Lakota-Kinder vor mir wurde ich überschüttet mit den Sitten und ethnozentrischen Standpunkten einer fremden Kultur, von der ich wenig wusste. Immer wieder hatten mir meine Großeltern vermittelt, dass die Weißen die Kontrolle hatten. Was das praktisch bedeutete, begann ich am ersten Tag in einem staatlichen Internat mit angeschlossener Tagesschule zu verstehen. Damit ich die Schule besuchen konnte, brachte man mich zu meinen Großeltern väterlicherseits, die im Pine-Ridge-Reservat lebten. Das Vorteilhafteste an dieser Situation war (abgesehen von dem Zusammensein mit ihnen), dass sie nur ungefähr fünf Kilometer von der Schule entfernt lebten. Deshalb musste ich nicht im Internat wohnen. Meine Tante, die jüngste Tochter von Grandpa und Grandma Marshall, ging noch zur Schule, und sie und ich fuhren jeden Tag zusammen im Schulbus.

Der Schulalltag hatte nichts mit Geschichten zu tun. Mir kam es vor, als ginge es mehr darum, Regeln zu befolgen und Schlange zu stehen. Möglicherweise vereinfache ich ein wenig, aber nur deshalb, weil diese beiden Jahre im Wesentlichen unerfreulich waren. Nach zwei Jahren staatlicher Ganztagsschule ging ich ins Rosebud-Reservat zurück und besuchte die öffentliche Schule. Irgendwann in der späteren Grundschulzeit wurde ich zum begeisterten Leser und fand wieder Zugang zu Geschichten. Einer der ersten Romane, die ich mit größtem Vergnügen las, handelte vom Leben von Jim Bowie, dem Erfinder des Bowiemessers. Das Buch trug den Titel *The Iron Mistress.* Es war eine faszinierende Geschichte und viel interessanter als *Goldlöckchen und die drei Bären* oder *Rotkäppchen* und andere Bücher dieser Art. Die anderen Geschichten las ich, weil ich musste, aber den Roman las ich aus freien Stücken. Er lehrte mich etwas sehr Wichtiges: Es gibt eine andere Art des Geschichtenerzählens – sie zu schreiben.

In der Highschool ging es mir nie darum, gute Noten zu bekommen, mir genügte es völlig, dass ich versetzt wurde, um meinen Abschluss machen zu können. Aber in mir regte sich etwas und verlieh der Schulbildung vielleicht eine gewisse Berechtigung: Die Geschichten meiner Kindheit und die Art, wie die alten Männer und Frauen sie erzählt hatten, bildeten den Maßstab für alles, was sich mir in geschriebener Form präsentierte, besonders bei Geschichtswerken und speziell, wenn sie Indianer und Lakota zum Thema hatten. Die grenzenlose Arroganz und das Gefühl, sich alles herausnehmen zu können, mit dem die Historiker über Indianer sprachen, verletzten und ärgerten mich. Für sie waren wir Hindernisse, die es zu überwinden galt, so wie Flüsse, Wüsten und Berge. Besonders betroffen machte mich, dass das Land, in dem meine Vorfahren so lange und erfolgreich gelebt hatten, als ein leerer Ort bezeichnet wurde: die »große amerikanische Wüste«. Dort, so schrieben die Historiker, gab es »Land, das man sich einfach nehmen konnte«. Irgendwo in mir regte sich der Gedanke, es müsse möglich sein, die Geschichte besser zu erzählen und die Wahrheit zu sagen. Durch solche Augenblicke kam ich zwanglos, aber bewusst zu dem Entschluss, Schriftsteller zu werden.

Eine erste kleine Ermutigung erhielt ich im ersten Jahr an der Universität durch einen Englisch-Aufsatz. Das Thema war ein Erlebnis in der Kindheit. Ich entschied mich für den Tag, an dem ich im Gebüsch am Little White River einen Luchs beobachtet hatte. Ich erhielt den Aufsatz mit Korrekturen der Satzzeichen und der Satzstruktur zurück, aber auch mit einer kurzen Anmerkung am Ende: »Interessante Geschichte«. Die Worte entzündeten einen kleinen Funken von »Was wäre wenn«. Der Funke war noch nicht so weit, dass daraus auch eine noch so kleine Flamme geworden wäre, aber er erlosch auch nie mehr ganz.

Das Leben führte mich danach geografisch und auf der Ebene der Erfahrungen in einige interessante und schwierige Richtungen. Schließlich war meine Zeit davon in Anspruch genommen, meinen Lebensunterhalt zu verdienen und meine Familie zu ernähren. Von außen betrachtet, schrieb ich nur, um als Lehrer meinen Unterricht vorzubereiten, Material für einen Kurs zusammenzustellen, zu dem es kein Lehrbuch gab, und natürlich Briefe, Aktenvermerke und Berichte für einige nicht-schulische Tätigkeiten. Aber insgeheim schrieb ich die ganze Zeit über kleine Szenen, Kurzgeschichten und kurze Abhandlungen über aktuelle Themen, etwa die Amerikanische Indianerbewegung (American Indian Movement) und die Besetzung von Wounded Knee im Jahr 1973. »Insgeheim« bedeutet, dass ich diese Arbeiten niemandem zeigte. Dabei wuchs jedoch in mir das Verlangen, richtige Geschichten zu schreiben.

Als Erstes veröffentlichte ich 1990 einen Artikel in einer monatlichen Kolumne des *Casper Star Tribune* in Casper, Wyoming. Weitere Artikel folgten, und sie bildeten schließlich die Grundlage meines zweiten, 1995 erschienenen Buches *On Behalf of the Wolf and First Peoples.* 1992 hatte ich bereits ein Buch über die Schlacht am Little Bighorn mitverfasst.

Als ich den ersten Artikel zu Gesicht bekam, war meine allererste Reaktion das Gefühl, etwas geleistet zu haben. Den Bruchteil einer Sekunde später erkannte ich, dass ich den Sinn meines Lebens gefunden hatte.

Der Sinn unseres Lebens bildet sich oder entsteht aus der Art Mensch, der wir sind, aus der Art unserer Werte und wo und wie dieser Lebenssinn in die Welt um uns herum passt. Ganz gleich, wer wir sind, als Kinder werden wir von den Erwachsenen in unserem Leben gelenkt und/oder beeinflusst. In der Kindheit waren meine Großeltern die wichtigsten Erwachsenen in meinem Leben. Meine Großeltern mütterlicherseits hatten sicher den größten Einfluss auf mich, doch auch die Großeltern väterlicherseits waren Quellen des Wissens, der Weisheit und der Inspiration. Meine Eltern hatten ebenfalls Anteil an diesem Vorgang, und meine Mutter, die 2011 dreiundachtzig Jahre alt wurde, ist immer noch beteiligt. Jeder von ihnen war mit der Vergangenheit verbunden. Zum Glück halfen sie mir alle, den Sinn meines Lebens zu finden.

Ich glaube, wir alle sind auf die Erde gekommen, um eine oder mehrere Aufgaben zu erfüllen, wenn wir uns dafür entscheiden. Es ist belustigend oder traurig, dass manche von uns Beispiele dafür sind, wie man etwas nicht tun sollte, selbst wenn wir diese Entscheidung nicht bewusst treffen. Ich glaube, meine Aufgabe oder zumindest eine meiner Aufgaben ist es, ein Bewusstsein für die Ureinwohner zu schaffen. Ein Mensch allein kann nicht alle Geschichten erzählen, alle Wirklichkeiten sichtbar machen, denn es gibt so viel zu tun. Aber ich kann ein Gesichtspunkt sein, die Stimme, aus der eine Identität, ein Erbe spricht. In der Neuzeit nahm diese Reihe ihren Anfang mit Menschen wie Charles Eastman (1858–1939); er war ein Dakota und einer der ersten Indianer mit einer Ausbildung zum westlichen Arzt. Er erlebte die Auswirkungen des Massakers von Wounded Knee im Jahr 1890 und schrieb später unter anderem das Buch *Indian Boyhood.* Luther Standing Bear, ein Lakota und Absolvent der Carlisle Indian Industrial School veröffentlichte 1928 als erstes von vier Büchern *Land of the Spotted Eagle.* Ein neuerer Autor war Vine Deloria Jr., ein Dakota aus dem Standing-Rock-Reservat. Er war nicht nur ein ideenreicher Schriftsteller, sondern auch Theologe, Anwalt und ein weiser Mann. Leider ist er 2005 gestorben.

Ich maße mir ihren Rang nicht an, und ich strebe auch nicht danach. Ich fühle mich geehrt, dass ich dazu beitrage, die Reihe fortzuführen. Um das zu tun, bin ich in die Welt gekommen, und vielleicht, um jemanden anzuregen, diesen Beispielen zu folgen. Zwei meiner Töchter schreiben; allerdings gehen sie anderen Berufen nach. Eine ist Dichterin und denkt daran Drehbücher zu schreiben, die andere mag Kurzgeschichten, und die nächste Generation wartet bereits auf ihre Chance. Eine meiner Enkelinnen, eine Achtklässlerin, hat beschlossen, Schriftstellerin zu werden.

Wie auch immer sie sich entscheiden: Ich weiß, sie werden eine Aufgabe finden oder die Aufgabe findet sie.

Der Bestimmung folgen

Meine Großeltern und die anderen Alten der Gemeinde ermahnten mich häufig freundlich, die Geschichten nicht zu vergessen. Keiner von ihnen sagte mir jemals, ich müsse ein Geschichtenerzähler werden. Ich kam als junger Erwachsener selbst zu diesem Schluss, nachdem ich auf eine hartnäckig immer wieder auftauchende, unbestimmte Frage eine Antwort fand.

Wer wird die Geschichten weitergeben?

Ich entschied, dass ich es tun könne – nicht aus einem großartigen Grund, nicht mit irgendwelchen Hintergedanken oder dem Drang nach Anerkennung. Ich beschloss, die Geschichten weiterzugeben, weil jemand es tun musste. Das heißt nicht, dass ich der einzige Lakota wäre, der das tut, denn das bin ich nicht.

Es ist von entscheidender Bedeutung, dass der Kern unserer Kultur von jedem Lakota bewahrt wird, der das nötige Wissen dazu besitzt. Dabei geht es nicht in erster Linie darum, dass die Welt davon erfährt, sondern dass die Information der nächsten Generation von Lakota zur Verfügung steht.

Doch es ist unerlässlich, das kulturelle Wissen und die Geschichte von Historikern der Lakota weiterzugeben. Diese Arbeit ist heute deshalb so entscheidend, weil die Mechanismen der mündlichen Tradition, die sich selbst am Leben erhielt, nicht mehr so funktionieren, wie sie es einmal taten. Es gibt keine Vielzahl von Hütern der Winterbilder und Geschichtenerzählern, und zwar schon seit vielen Generationen. Deshalb sind moderne Autoren, Maler, Sänger und Tänzer der Lakota (und Dakota und Nakota), die in irgendeiner Form unsere Geschichte und Kultur bewahren, heute unsere Hüter der Winterbilder und Geschichtenerzähler. Die meisten oder alle diese Menschen betrachten es wahrscheinlich als ihre Bestimmung, die Kultur der Lakota zu bewahren und weiterzugeben.

Man sollte das Schicksal als einen Lotsen zur Bestimmung nicht ignorieren. Angesichts der Zustände in den Reservaten von South Dakota in den 1950er-Jahren müssen sich viele ältere Lakota große Sorgen um die Zukunft von Kultur, Bräuchen, Traditionen, Religion und Sprache unseres Volkes gemacht haben. Die Assimilationspolitik wurde sowohl an allen staatlichen und konfessionellen Schulen als auch an vielen öffentlichen Schulen betrieben und war sehr erfolgreich. Missionare hatten alles im Griff, und ihre »Rettung« der Seelen der Lakota erlebte zu dieser Zeit ihren Höhepunkt. Die Kultur der Lakota wurde allmählich geschwächt, zurückgedrängt, verboten und ersetzt.

Doch die Alten, sowohl die in meiner Kindheit im Norden des Rosebud-Reservats, als auch in Kyle und seiner Umgebung im Pine-Ridge-Reservat, wehrten sich auf ihre Weise. Sie erzählten ihre Geschichten jedem, der sie hören wollte, besonders aber den jungen Menschen. Sie erzählten die Geschichten uns, der nächsten Generation. So sehr sich die Internate und Kirchen auch bemühten, uns unsere Kultur zu nehmen, die Alten taten ihr Bestes, um so viel wie möglich zu erhalten. Zwar hielten sie nicht viel von der Kultur der Weißen, doch sie machten sie nicht absichtlich schlecht oder lächerlich. Stattdessen erzählten sie ihre Geschichten so, dass ihre Kultur in einem guten und wahren Licht erschien. Damit lehrten sie uns, wer wir waren. Sie lehrten uns, dass es gut war, ein Lakota zu sein, ganz gleich, was die Weißen sagten. Sie gaben uns ein Gefühl von Identität.

Manche von uns hörten sich die Geschichten an und nahmen sie sich zu Herzen, doch unsere Identität manifestierte sich nicht in allen auf die gleiche Weise. Einige wurden Sänger und Tänzer und bewahrten die alten Lieder und Tänze für die nächste Generation. Viele vollzogen in aller Stille die alten religiösen Zeremonien. Wir sprachen alle Englisch, weil wir es mussten, doch wir sprachen auch Lakota, um es am Leben zu halten. Und manche von uns wurden Geschichtenerzähler.

Die Alten, die die Geschichten erzählten, die Lieder sangen, die Tänze tanzten und Zeremonien und Traditionen am Leben hielten, gestalteten auf eine ganz reale Art das Schicksal jener, die die Verantwortung für das Erbe übernehmen würden, damit wir taten, was wir konnten, um es weiterzugeben. Vielleicht zeigten sie uns unsere Bestimmung auf, und gaben uns damit unsere Aufgabe.

Ich erinnere mich immer noch an die kalte Nacht im Januar oder Februar, als mein Großvater und ich in die Schlucht hinuntergingen, um die Esche zu fällen, aus der ein Bogen gebaut werden sollte. Den Baum ereilte sein Schicksal, das in dem Augenblick festgelegt worden war, als mein Großvater ihn ein paar Monate früher ausgewählt und markiert hatte. Wie der Baum scheine ich für eine besondere Bestimmung ausgewählt worden zu sein.

Als ich Mitte zwanzig war, hatte ich eine Erkenntnis, und es war, als hätte damit das letzte Teil eines Puzzles seinen Platz gefunden. Anfangs erschien mir die Erkenntnis ziemlich beängstigend. Ich begriff, dass mir meine Großeltern und all die Alten, die mir Geschichten erzählten, auch eine Verantwortung angetragen hatten. Als ich ein Kind war, verlangten sie nicht von mir, ich solle ein Geschichtenerzähler werden, und sie sagten es auch nicht direkt. Sie hätten es gern getan, doch weil sie alt und weise waren, wussten sie, dass ich das vielleicht eines Tages selbst begreifen würde. Und falls ich mich dann entschloss, das Angebot anzunehmen, wäre es eine freiwillige Verpflichtung und nicht eine Aufgabe, die ich aus Pflichtgefühl übernahm.

Ich nahm das Angebot aus freien Stücken an, ohne die Folgen zu kennen oder zu wissen, wohin es mich führen würde. Es dauerte weitere vierzehn Jahre, bis ich alles andere beiseiteschob – einschließlich einer anspruchsvollen und sehr lukrativen beruflichen Position – und aktiv die ersten Schritte unternahm, um dieser Verantwortung gerecht zu werden und meine Bestimmung zu erfüllen.

Unsere Bestimmung im Leben zu kennen, bringt zwei klare Belohnungen mit sich. Die eine ist das Gefühl der Erfüllung, die andere das Wissen, welche Wirkung unsere Bestimmung haben kann.

Der überwältigenden Mehrheit von uns wird das Erkennen und Erfüllen unserer Bestimmung niemals ein Vermögen einbringen, und wir werden auch nie unsere zehn Minuten im Rampenlicht erleben. Doch wenn wir unsere Bestimmung um des Reichtums oder Ruhmes willen erfüllen, ist unsere Motivation zweifelhaft. Zum Glück gibt es

Menschen, die sich bemühen, der Allgemeinheit zu dienen, und die Tag für Tag hart zu Wohl und Nutzen anderer arbeiten – beispielsweise Lehrer, medizinische Betreuer, Sozialarbeiter, Notfallhelfer und Rettungskräfte. Sie alle sind wahrhaft altruistische Menschen.

Ich muss an die Worte denken, die vor langer Zeit zu den »Hemdenmännern« der Lakota gesprochen wurden. Die Hemdenmänner waren junge Männer der Gemeinschaft, deren außergewöhnlicher Charakter und bemerkenswerte Leistungen sie von den anderen unterschieden. Von den Stammesältesten zum »Hemdenmann« gewählt zu werden, war keine Belohnung, sondern eine Verpflichtung. Hemdenmänner mussten ein beispielhaftes Leben führen. Nicht alle gewählten jungen Männer nahmen die Wahl an. Alle, die es taten, erhielten in einer öffentlichen Zeremonie ein aufwendig verziertes Hemd aus gegerbtem Leder mit Darstellungen ihrer Leistungen: daher der Name. Dann sprach einer der Stammesältesten zu den Erwählten. Ein wichtiger Teil seiner Rede kreiste darum, was man für andere tun solle:

Ihr müsst anderen helfen, bevor ihr an euch denkt.
Helft den Witwen und jenen, die wenig anzuziehen und zu essen
haben und die niemanden haben, der für sie spricht.

Mit anderen Worten: Egoisten und Egozentriker brauchen sich erst gar nicht zu bewerben.

Der Wahrheit zuliebe sei gesagt, dass die Wahl der Hemdenmänner nicht immer ganz unpolitisch war. Manchmal beeinflusste man die Stammesältesten, damit sie junge Männer aus prominenten Familien wählten, um die Familien beim Erwerb oder der Festigung politischer Macht zu unterstützen. Doch größtenteils fiel die Wahl auf wirklich außergewöhnliche junge Männer. Unter ihnen war Tasunke Witko, der uns heute unter dem Namen Crazy Horse bekannt ist. Er nahm 1865 an der letzten bekannten Hemdenmann-Zeremonie der Lakota teil.

Crazy Horse war Anfang zwanzig. Er nahm die Ehre widerstrebend an, doch in Wirklichkeit lebte er bereits nach den Geboten der Hemdenmänner, besonders nach den oben genannten. Er hatte schon als Jugendlicher seine Sorge um die Bedürftigen unter Beweis gestellt. Er ging für die Alten und Witwen auf die Jagd und brachte frisches Fleisch für sie mit. Später schenkte er denen Pferde, die sie brauchten, sodass er selbst keine große Herde besaß. Nach seiner Heirat verteilten er und seine Frau regelmäßig Nahrung und andere lebensnotwendigen Dinge wie Häute und Haushaltsgegenstände an Bedürftige. Daher war ihr Wigwam immer karg eingerichtet, und ihre Vorratsbehälter waren leer.

Vielleicht war es die Bestimmung von Crazy Horse, den Anspruch der Hemdenmänner in einer Zeit zu erfüllen, als die Lakota eine inspirierende Führung brauchten. Ganz sicher hinterließ er als hervorragender militärischer Führer ein unerreichtes Erbe. Doch er vergaß auch nie die Sorge um »jene, die wenig anzuziehen und zu essen haben und die niemanden haben, der für sie spricht«. Das ist für mich das bedeutsamere Erbe von Crazy Horse, denn es zeigt, wer er wirklich war.

Die Kultur, der Crazy Horse entstammte, gründete sich nicht auf Materialismus, und sie lehrte, dass es das Richtige war, etwas für andere zu tun und etwas zu geben. Nach einer anderen Auffassung ist »es besser zu geben als zu nehmen«. Kulturen auf der ganzen Welt fordern auf die eine oder andere Weise Großzügigkeit und Mitgefühl ein, denn diese Überzeugungen entstehen aus dem Gefühl von Verbundenheit und Zuwendung. Ich glaube, Menschen, die diese Verbindung spüren, sind unabhängig von Rasse, Glaubensvorstellungen oder Hautfarbe, es sind Menschen, die sich bemühen, dem Gemeinwohl zu dienen. Ihr Gespür für ihre Bestimmung bewirkt Positives in der Welt. Ihre Namen oder ihre Taten werden niemals oder zumindest nicht oft genug Schlagzeilen machen, aber sie werden weiterhin ihre Bestimmung erfüllen.

Allzu oft ist der Äther voll von Sensationsmeldungen über die neuesten Eskapaden eines Sportlers oder Schauspielers. Bei solchen Nachrichten kann es sich um alles Mögliche handeln, von versuchter Vergewaltigung bis zum Drogenmissbrauch. Sie werden gesendet, weil sie gut für die Einschaltquoten sind, und bedauerlicherweise gibt es ein Publikum, das sie verschlingt. Ob beabsichtigt oder nicht, als Folge der Wiederholung dieser Art Nachrichten und der unzähligen Interviews und Kommentare von »Experten« werden die Übeltäter zu Vorbildern. Ein Nachteil ist, dass solche Menschen ein gewisses Maß an Bestätigung dadurch erfahren, dass sie im Fernsehen zu sehen sind. Dabei ist es gleichgültig, wer die Übeltäter kritisiert und wie oft, besonders dann, wenn sie am Ende mit einer milden Strafe davonkommen oder überhaupt nicht bestraft werden.

Nicht ganz so schlimm, aber dennoch im Bereich des Lächerlichen sind Profisportler, die sich darüber beklagen, dass man sie oder ihre Mannschaft »nicht respektiert«. Eine solche Äußerung kommt von Menschen mit mehr Geld als 90 Prozent jener, die sich ihr leeres Gerede anhören, jemals haben werden, und die keine Ahnung davon haben, wie es im wirklichen Leben zugeht. Trotzdem erhalten sie und ihre Probleme eine Bestätigung, wenn ihre Kommentare als »wichtige« Nachrichten im Fernsehen gesendet werden.

Ich erinnere mich an ein Interview mit einem Star der Fernsehserie *Dallas* aus den 1980er-Jahren. Er wurde gefragt, was er dächte, wenn er die weltweite Reaktion auf eine Szene mit offenem Ausgang in einer der Folgen erlebte. Er antwortete wie aus der Pistole geschossen: »Geld!« Es ist möglich, vielleicht sogar wahrscheinlich, dass ihm seine Mitmenschen nicht gleichgültig waren und dass er etwas von seiner extrem hohen Gage oder den Erträgen aus seinen Investitionen an Wohltätigkeitsorganisationen überwies. Doch in diesem einen Augenblick war er ein Paradebeispiel für Gier.

Das alles sind Beispiele für Menschen, die kein Lebensziel haben, außer vielleicht, Vorteil aus dem zu ziehen, was und wer sie sind, um berühmt zu werden und möglichst viel Geld zu bekommen.

Doch es gibt auch Stars in der Unterhaltungsindustrie und im professionellen Sport, die Mitgefühl zeigen. Vor einigen Jahren demonstrierte ein bekannter Basketballprofi (der inzwischen nicht mehr aktiv ist), dass es im Leben nicht nur um Ruhm und Reichtum geht. Er charterte mehrere Jahre lang (und tut es vielleicht heute noch) einen Jet und füllte ihn mit unterprivilegierten Kindern aus der Stadt, in der er spielte. Er brachte sie nach Disney World, übernahm die Kosten für Unterkunft und Verpflegung und schenkte ihnen das größte Abenteuer ihres jungen Lebens. Glücklicherweise ist er nicht der Einzige. Es gibt andere Profisportler, die in ihrer Umgebung Gutes tun.

Dann ist da der Filmstar, der sich bemüht, die Aufmerksamkeit auf die schrecklichen Auswirkungen – unter anderem Vergewaltigung, Völkermord und hungernde Kinder – eines Bürgerkriegs in Afrika zu lenken, da diese Begleitschäden in den Medien nicht dieselbe Berichterstattung erhalten wie millionenschwere Sportler, die ihr ach so schweres Schicksal beklagen.

Zum Glück gibt es unter den Menschen, die sehr viel privilegierter sind, als die meisten von uns jemals sein werden, einige, die einen sinnvollen Lebenszweck gefunden haben: Sie nutzen ihre Berühmtheit, um auf katastrophale soziale Probleme wie Armut, Hunger, Unwissenheit, Rassismus, Völkermord, Krankheiten und Vertreibung sowie viele andere Punkte aufmerksam zu machen.

Es gibt ernste Probleme, mit denen Millionen Menschen Tag für Tag zu kämpfen haben oder sich bemühen, sie zu lösen, zu verringern oder zu lindern. Die Namen dieser Menschen wird man kaum je in den Schlagzeilen sehen und von ihren Anstrengungen kaum etwas lesen. Doch sie geben deshalb nicht auf, denn ihre Bemühungen, ihr Einsatz und das Ergebnis, auf das sie hinarbeiten, sind sehr viel wichtiger. Ich finde, diese Menschen sollten im Fernsehen zu sehen sein, damit Millionen anderer erfahren, was sie tun, damit andere das Gesicht eines Menschen sehen, der eine wichtige Aufgabe erfüllt und etwas bewirken wird. Denn letzten Endes hat unsere innere Ausrichtung mehr Macht als Geld. Das ist die Wirklichkeit der realen Welt jenseits von Scheinwerferlicht und Kassenerfolgen.

Crazy Horse nahm das Hemd an, weil er spürte, dass es seine Bestimmung war, ob er nun die damit verbundene Verantwortung tragen wollte oder nicht. Nachdem er das Hemd angenommen hatte, bemühte er sich, als Beispiel für andere ein so gutes Leben zu führen, wie er nur konnte. Dadurch, dass er seine Aufgabe erfüllte, fand er seine Bestimmung: selbstloses Dienen. Er wusste, was immer er für andere tat, er durfte nicht nach Belohnung und Anerkennung streben, und er tat es auch nie. Selbst ohne Belohnung und Anerkennung hatte er das Gefühl von Erfüllung.

Es gibt eine Geschichte von einem blinden Bogenbauer, einem Mann, der als Kind das Augenlicht verloren hatte. Mithilfe seiner Familie und der Gemeinschaft lernte er, für sich selbst zu sorgen. Im Laufe der Zeit erschien er Leuten, die nichts über ihn wussten, überhaupt nicht blind. Außerdem entwickelte er ein unvergleichliches Können: Er konnte allein mithilfe des Tastsinns eine dünne grüne Weidenrute zu einem absolut geraden Pfeilschaft richten.

Die Männer kamen, um ihm zuzusehen, wenn er geschickt die Rinde der Rute abschälte und sie dann durch einen Stein oder den Teil eines Geweihs mit einem kleinen runden Loch hindurchzog und zu einem gleichmäßig dicken Pfeilschaft machte. Danach trocknete er den Schaft langsam über einem kleinen Feuer. Während das Holz trocknete, betastete er es mit den Fingerspitzen und richtete alle Biegungen oder Unebenheiten. Am Ende war der Schaft völlig gerade und konnte befiedert und mit einer Spitze versehen werden.

Im Laufe der Jahre diskutierten die Menschen immer wieder darüber, ob seine Blindheit dazu geführt habe, dass der Mann ein solches Können als Pfeilbauer entwickelt hatte, und ob das auch geschehen wäre, wenn er hätte sehen können. Was immer der Grund für sein handwerkliches Geschick gewesen sein mochte, die Männer boten dem blinden Mann für zwanzig seiner Pfeile ein Pferd, weil jeder Pfeil auf einer geraden Bahn flog. Doch der Mann handelte nie mit seinen Pfeilen, obwohl er wahrscheinlich die größte Pferdeherde des Dorfes hätte haben können. Er verschenkte jeden Pfeil.

Außerdem bestand der blinde Mann darauf, dass seine Pfeile nur für die Jagd verwendet wurden. Eines Tages fragte ihn ein junger Mann nach dem Grund.

»Auf diese Weise«, erwiderte der blinde Pfeilbauer, »ernähren wir beide deine Familie. Du, indem du den Pfeil schießt, und ich, indem ich ihn baue. Zusammen erfüllen wir eine Aufgabe.«

KAPITEL IV

Stärke

Steinmesser

Nichts bleibt für immer gleich, aber paradoxerweise ändern sich auch nur wenige Dinge ganz und gar.

Henry One Bull kam 1908 von der Carlisle Indian Industrial School nach Hause. Er trug einen braunen Anzug aus Wolle, ein weißes Hemd, feste braune Schuhe, und er hatte kurze Haare. Er war achtzehn und stolz darauf, Blechschmied gelernt zu haben. Man stelle sich seine Überraschung vor, als sein Vater, ein groß gewachsener, stolzer und würdevoller Veteran der Schlacht am Little Bighorn, beim Anblick seines Sohnes weinend zusammenbrach.

An dem Tag, an dem Henry One Bull von Carlisle nach Hause zurückkehrte, entschied Jacob One Bull, er müsse den wichtigsten Kampf seines Lebens gewinnen: den Kampf dagegen, dass sein Volk in eine Kopie der Weißen verwandelt wurde. Er begriff, was die Weißen – diese Menschen, die er bei sich immer noch Langmesser nannte – beabsichtigten. Jacob One Bull war entschlossen, ihnen eine Niederlage zu bereiten und seinen Sohn zurückzuholen. Er wusste nur noch nicht genau, wie er das anstellen sollte.

Henrys Name war Spotted Hawk gewesen, als man ihn seiner Familie weggenommen hatte. Wenn der Junge ginge, hatten die Weißen vom Indianerbüro gesagt, dürfe seine Schwester zu Hause bleiben. Sein Vater ärgerte sich maßlos darüber, dass er sich auf einen Handel mit den Weißen einlassen musste, doch One Bull und seine Frau konnten sich damit trösten, dass ihre Tochter an der von den Schwarzröcken, den katholischen Priestern, geführten Schule nur etwa sechzig Kilometer von zu Hause entfernt sein würde. Der Junge ging an einen Ort, der weiter entfernt lag, als sein Vater jemals im Leben gewesen war. Man einigte sich, und der Junge wurde zum Bahnhof gebracht.

Als Spotted Hawk in den Zug stieg, trug er die besten Hirschledersachen, die seine Mutter anfertigen konnte, und seine Haare hingen in zwei Zöpfe geflochten bis zur Hüfte. Er war ein verängstigter, aber stolzer junger Lakota. Was er bei seiner Rückkehr war, konnte man schwer sagen, besonders da die ersten Worte, die One Bull aus seinem Mund hörte, in der Sprache des weißen Mannes gesprochen wurden. Deshalb weinte er: Sein Sohn war mehr wie ein weißer Mann als ein Lakota.

Manches musste sich verändern, und One Bull hatte viele Veränderungen hingenommen. Um sich fortzubewegen, ging man entweder zu Fuß oder benutzte den Pferdewagen beziehungsweise das Fuhrwerk. Wagen und Fuhrwerk waren nicht schlecht, aber One Bull ritt lieber zu Pferde. Er besaß vier Pferde: drei Zugpferde und das vierte zum Reiten. Seine Frau hatte ihn überredet, sich wenigstens zum Schein in die Kirche der Schwarzröcke aufnehmen zu lassen. Die Schwarzröcke hatten eine Art Wasserzeremonie vollzogen und ihm den Namen Jacob gegeben. Seine Frau war zu Alice geworden und seine Tochter zu Esther. Deshalb überraschte es ihn nicht, als sein Sohn nach zwei Jahren in Carlisle in einem Brief nach Hause den Namen Henry One Bull verwendete.

Häuser waren eine andere notwendige Veränderung. Seit es keine Büffelhäute mehr gab, verwendeten die Menschen Leinwand als Bedeckung ihrer Wigwams. Inzwischen waren Blockhäuser beliebt geworden. One Bull und andere im Reservat bauten allerdings bei gutem Wetter alte Wigwams auf. Er schlief nur im Winter in dem engen Blockhaus.

Am meisten ärgerte er sich darüber, dass sehr wenig an dem Leben, das One Bull und seine Familie führten, dem alten Leben glich. Nichts war mehr rund. Die Häuser waren eckig wie die Fenster, und auch die Fuhrwerke waren lange Rechtecke. Selbst die Behälter, in denen seine Frau die Vorräte aufbewahrte, waren eckig. Sie schliefen in Betten über dem Boden – auch sie lange Rechtecke. Das Papier, auf das die Weißen ihre Zeichen und Worte schrieben, war eckig. Wenigstens die Räder des Fuhrwerks waren rund. One Bull baute um sein Haus einen Kreis aus Zaunpfosten auf. Er hatte keinen Draht oder Latten, um den Zaun fertig zu stellen, doch das machte nichts. Er wollte einfach einen Kreis um sein Haus haben.

Alles, was die Familie Tag für Tag benutzte, waren von den Weißen gemachte Dinge – Becher, Teller, Messer, Kessel, Pfannen, Äxte, Laternen, Herde und sogar die Nadeln, mit denen Alice nähte. Die Kleidung war aus Wolle, Kattun oder Baumwolle. Allerdings fertige One Bull seine eigenen Mokassins an. In harten Schuhen wurden seine Füße wund.

Er baute auch einen Bogen und Pfeile für die Jagd. Oft ging er in die Schlucht unterhalb des Hauses, wo ihn niemand sah, um damit zu schießen. Der schlichte Zeitvertreib gab ihm ein Gefühl des Friedens, das Gefühl, dass wenigstens etwas immer noch so war wie früher.

Und noch etwas gab es: In einem geschickt getarnten Loch unter einem Baumstumpf versteckte er seine schwarze steinerne Pfeife, ihren Stiel aus Esche, den Beutel, der mit gefärbten Stachelschweinstacheln verziert war, und einen Tabakvorrat. Seine Frau und seine Tochter wussten, dass er die Pfeife besaß, doch er verriet ihnen nicht, wo er sie verbarg. Das hatte nichts mit mangelndem Vertrauen zu tun. Die Schwarzröcke hatten mithilfe der »Metallbrüste« – Lakota, die als Polizisten für die Weißen arbeiteten – solche Dinge beschlagnahmt. Gelegentlich hörte man, dass wieder eine Schwitzhütte entdeckt und niedergebrannt worden war. Manchmal warf man Medizinmänner ins Gefängnis. Er wusste, der Schwarzrock in der Missionsstation hatte seine Frau gefragt, ob ihr Mann eine Pfeife habe. Und sie antwortete wahrheitsgemäß, sie habe seit vielen Jahren nicht mehr gesehen, dass er Pfeife rauchte.

One Bull betete mit seiner Pfeife meist an Tagen, an denen Frau und Tochter nicht zu Hause waren. Er stieg mit der Pfeife auf einen Hügel, wo er sehen konnte, wenn sich ein Präriehund näherte. Dort hatte er in einem Gebüsch einen freien Platz geschaffen. Er nahm auch an Zeremonien in Schwitzhütten teil, die nie zweimal am selben

Ort abgehalten wurden. Es war die einzige Möglichkeit, den Metallbrüsten immer einen Schritt voraus zu sein.

In diese Welt und in diese Verhältnisse kam Henry One Bull zurück, mehr ein Weißer als ein Lakota. Da er Blechschmied war, bot man ihm beinahe sofort Arbeit in der Missionsstation an. Sein Vater wusste nicht, dass die Schulleitung in Carlisle den Schwarzröcken der Missionsstation geschrieben und Henrys Können und Fleiß gelobt hatte. Davon abgesehen, hatte der Vorsteher der Mission seine eigenen Gründe, Henry zu beschäftigen. Jacob, der Vater des jungen Mannes, war für seinen Widerstand gegen das Christentum bekannt, auch wenn er ihn auf ruhige und unauffällige Weise zum Ausdruck brachte. Vater One Bull besuchte den Sonntagsgottesdienst, doch der Vorsteher wusste, er begleitete nur seine Frau und seine Tochter. In den Kreisen der älteren und verstockten Lakota wurde darüber geredet, dass One Bull sich niemals ändern werde. Deshalb war eine Gelegenheit, den Unentschlossenen in der Lakota-Gemeinschaft die Vorzüge der neuen Lebensweise zu zeigen (noch dazu, wenn One Bulls einziger Sohn sie verkörperte), viel zu verlockend, um sie nicht zu ergreifen. Um Henry die Sache noch schmackhafter zu machen, durfte er ein Pferd und einen Wagen benutzen.

Henry arbeitete sechs Tage pro Woche in der Missionsstation; er machte sich kurz nach Sonnenaufgang auf den Weg und kam im Sommer kurz vor Sonnenuntergang, im Winter lange danach zurück. Am siebten Tag, dem »Heiligen Tag«, wie die Schwarzröcke ihn nannten, besuchte der Junge die Messe. Mutter und Schwester fuhren mit ihm im Wagen, One Bull sattelte sein Pferd und ritt nebenher.

Der Junge sprach mit den Eltern bald wieder Lakota, doch One Bull hörte immer wieder, dass sein Sohn und seine Tochter sich in der Sprache des weißen Mannes unterhielten – Englisch, wie sie es nannten. Der Junge hatte fünf Jahre im Osten, im Ort Carlisle verbracht. Viele andere Kinder und Jugendliche aus dem Reservat waren dorthin geschickt worden. Traurigerweise waren einige dort gestorben, und viele, die nach Hause kamen, hatten wie Henry nicht mehr viel Ähnlichkeit mit dem, was sie einmal gewesen waren. Nach One Bulls Ansicht war im Grunde ein Teil von ihnen ebenfalls gestorben. Die Frage war, ob man diesen Teil wiederbeleben konnte.

Eines Abends half One Bull seinem Freund, dem Medizinmann Fork Tail (oder Schwalbe) beim Abbau einer Schwitzhütte, damit man sie verstecken konnte. Wie so oft kam das Gespräch darauf, wie traurig und frustriert sie darüber waren, was mit der jungen Generation geschah. Die Weißen und die Schwarzröcke konnten die Eltern und Großeltern nicht ändern; also waren sie hinter den Kindern her. Und sie scheuten vor nichts zurück, um ihr Ziel zu erreichen. Es gab allzu viele Geschichten über die harten Strafen an den Missionsschulen – Geschichten, bei denen das Blut der Väter vor Zorn in Wallung geriet. Ein Mann hatte einen Schwarzrock der Mission aufgefordert, mit ihm zu kämpfen, anstatt seine Tochter zu verprügeln. Der Schwarzrock war davongelaufen und hatte sich versteckt. Aber nicht lange danach kamen die Polizisten zum Haus des Mannes und nahmen ihn mit ins Gefängnis.

»Ich hatte vor Kurzem einen Traum«, sagte Fork Tail zu seinem alten Freund. »Ich habe einen Lakota gesehen – einen sehr großen und sehr starken jungen Mann. Er lief eine seltsame, schwarze und harte Straße entlang. Ich habe noch nie eine solche Straße gesehen. Wir sind uns auf der Straße begegnet, und er hat mich angesprochen. ›Ich bin ein Lakota‹, sagte er in der Sprache des weißen Mannes. Er trug einen langen braunen Mantel, wie ihn manche weißen Männer über ihrer Kleidung tragen. Er öffnete den Mantel, und ich hörte eine Trommel und eine Stimme, die auf Lakota ein Lied sang – ein-Versammeln-der-Geister-Lied. Danach machte er seinen Mantel zu und ging davon.«

»Was bedeutet der Traum, Vetter?«, fragte One Bull.

»Er bedeutet, dass wir Lakota uns nach außen hin verändern werden. Das ist nichts Neues; es ist ein Teil des Lebens, der schon vor Ankunft der Langmesser Realität war. Äußere Umstände werden anders. Früher waren unsere Wigwams klein, denn sie wurden von Hunden gezogen. Als das Pferd kam, wurden die Wigwams größer, weil das Pferd schwerere Lasten ziehen kann. Eine solche Veränderung hat uns als Volk nicht verwandelt. Unsere Kinder und Enkelkinder werden die Sprache des weißen Mannes lernen und benutzen. Wir werden uns anders kleiden. Und auch unsere Häuser werden anders sein. Aber im Innern, in unseren Herzen, unseren Köpfen und im Geist können wir Lakota bleiben. Es ist eine Entscheidung, die jeder von uns treffen muss. Die Straße in meinem Traum ist die Straße, auf der wir uns befinden. Manche von uns werden bleiben, was wir sind, und diese Straße als Lakota entlanggehen. Diejenigen von unseren Kindern und Enkeln, die sich aus freien Stücken dafür entscheiden, Lakota zu bleiben, werden die stärksten sein. Es ist unwichtig, was die Schwarzröcke oder irgendein Weißer zu ihnen sagen werden. Sie werden so sein wie der junge Mann in meinem Traum. Manche von uns werden nur äußerlich Lakota sein. Manche werden sich völlig davon abwenden und aufgeben, was sie sind. Andere werden nur vorgeben, Lakota zu sein.«

Es war eine ernüchternde Vorhersage, doch One Bull verstand: Es würde Verluste geben, aber irgendwie würden die Lakota bewahren, was sie zu Lakota machte. Er fürchtete nur, zu denen, die verloren gingen, würden auch sein Sohn und seine Tochter gehören.

Einen Monat später brachte ein Freund schlechte Nachrichten: Fork Tail saß im Gefängnis. Die Schwarzröcke hatten sich lange und laut bei dem weißen Leiter der staatlichen Agentur beschwert, und schließlich waren die Metallbrüste geschickt worden. Wie es ihre Art war, erschienen sie nachts vor Fork Tails Haus und nahmen ihn mit. Für One Bull kam die Nachricht nicht unerwartet. Er und Fork Tail hatten über diese Möglichkeit viele Male gesprochen. Der Medizinmann hatte oft gesagt, niemand solle etwas sagen oder unternehmen, wenn die Metallbrüste kommen und ihn mitnehmen würden. Jeder, der in Wort oder Tat reagierte, mache sich sofort verdächtig. Trotz seines Zorns und Ärgers verhielt sich One Bull so, wie sein alter Freund es wollte. Doch eines Nachts besuchte er Fork Tails Frau und Sohn. Sie berichteten, man habe Fork Tail aus dem Gefängnis weggebracht. Die Weißen in der Agentur sagten nicht, wohin. Tatsache ist, dass man den Medizinmann nie mehr sah.

One Bull fiel es schwer, damit zu leben. Wenn er jemals im Leben jemanden oder etwas gehasst hatte, dann waren es die Schwarzröcke.

Trotzdem begleitete er seine Familie zum Gottesdienst. Er lächelte und nickte den Schwarzröcken zu. Er gab dem von ihnen die Hand, von dem er wusste, dass er die Metallbrüste geschickt hatte, um Fork Tail abzuholen, obwohl er ihn am liebsten erdrosselt hätte. Zu Hause verbrannte er Süßgras und verrieb die Asche auf seiner Hand, um jede Spur der Berührung zu beseitigen.

One Bull begriff, dass Fork Tails Traum noch eine andere Botschaft vermittelte: Die Bemühungen der Weißen, die Kultur der Lakota zu zerstören, waren ein nicht endender Kampf, der gegen jede neue Generation geführt werden würde. Deshalb war es die Aufgabe jeder neuen Generation, zu überleben, um so viel als möglich an die nächste weiterzugeben. Und das musste still, ja sogar im Geheimen geschehen.

Es gab noch eine Wirklichkeit. One Bull wusste, was die Weißen seinem Sohn angetan hatten, konnte er mit Worten, ganz gleich ob mit zornigen, rechtschaffenen oder wahren, nicht ungeschehen machen.

Danach fing er ganz einfach an, das Leben auf dem neuen Weg zu führen, den Fork Tail im Traum gesehen hatte. Im Frühjahr pflügte er die Wiese bei seinem Haus und pflanzte die Samen, die ihm die Agentur zur Verfügung stellte. Er ging jeden Monat einmal zur Ausgabestelle, um die Rationen an Fleisch, Bohnen, Reis, Kaffee und Zucker für seine Familie abzuholen. Im Spätsommer sammelte und stapelte er Holz für den Ofen. Im Herbst brachten er und seine Familie die Ernte ein. Im Herbst und Winter ging er mit Pfeil und Bogen am Fluss und an den Bachläufen auf die Jagd und kam oft mit Wild nach Hause zurück.

In der Handelsstation kaufte er Petroleum für die Lampen sowie Tuch, Nadeln und Perlen für seine Frau und seine Tochter. One Bull und seine Familie waren in jeder Hinsicht wie die meisten anderen im Reservat. Sie lebten pflichtschuldig so, wie die Weißen es von ihnen erwarteten. Aber niemand konnte in das Herz und den Kopf von One Bull blicken. Niemand konnte sehen, dass er manchmal nachts auf dem Hügel mit seiner Pfeife betete. Das Außen war ihm nicht wichtig. One Bull betrachtete die Welt mit den Augen eines Lakota. Er maß alles, was er sah, an den Werten, die ihm seine Mutter und sein Vater vermittelt hatten. Was er von ihnen gelernt hatte, ermöglichte es ihm, als Lakota zu leben und zu sterben.

Eines Abends kam Henry von der Missionsstation nach Hause und fand seinen Vater vor dem Haus am Feuer sitzen. Seine Aufmerksamkeit richtete sich auf etwas in seinen Händen. One Bull schnitzte einen Hornlöffel. Das Horn stammte von einem Rind der Regierung, bei dessen Schlachtung er an der Ausgabestelle mitgeholfen hatte. Henry war fasziniert. Als Blechschmied war er ein Handwerker, aber er hatte vergessen, dass sein Vater das ebenfalls war. Einen Hornlöffel herzustellen war etwas Besonderes.

»Mein Vater hat mich das gelehrt«, sagte One Bull. »Und er hat es von seinem Vater gelernt. Früher wurden Löffel, Becher und Schöpfkellen aus Bisonhorn gemacht. Aber die Langhornrinder von der Ausgabestelle sind auch für mehr gut als nur für zähes Fleisch.«

»Kannst du es mir beibringen?«, fragte Henry.

»Ja. Zuerst kochen wir das Horn, um es weich zu machen.«

Nach einigen Abenden hatten sie drei weitere Löffel gemacht. Aus den übrig gebliebenen Endstücken des Horns schnitzte One Bull Becher. Henry staunte.

So fing es an – Carlisle wurde langsam, aber sicher gelöscht.

Henry begann seinen Vater in einem anderen Licht zu sehen – mit den Augen eines jungen Mannes, der anfing, die Worte, Gedanken und Ideen infrage zu stellen, mit denen man ihn fünf Jahre lang überhäuft hatte. Als 13-jähriger Junge hatte er sich keine großen Gedanken darüber gemacht, was für ein Mann sein Vater war. Er erinnerte sich, dass er sich vor ihm ein wenig gefürchtet hatte. An dem Mann schien mehr zu sein, als Henry sah oder hörte. Es war, als wartete etwas, ein Teil seines Vaters, oder verstecke sich. Henry wusste, dass sein Vater an der Schlacht von Greasy Grass teilgenommen hatte. Das hatte ihm seine Mutter gesagt, ihn jedoch auch davor gewarnt, jemals darüber zu sprechen. Vielleicht war es das, doch Henry spürte, dass da noch mehr war.

Die Antwort ergab sich von selbst, als er eines Tages einen großen Löffel mit nach Hause brachte, den er in der Werkstatt gemacht hatte, und ihn seiner Mutter gab. Seinem Vater schenkte er ein Schlachtermesser. Henry sah überrascht, dass One Bull daraufhin eine Hülle aus Rohhaut aufschlug und ein Messer auswickelte. Der Griff bestand aus Eschenholz, die Klinge aus glänzendem schwarzem Stein.

»Woher hast du das?«, fragte der Junge.

»Der Großvater meines Großvaters hat es gemacht«, sagte One Bull, »in der Zeit, bevor der erste weiße Mann einen Fuß in unser Land gesetzt hat. Ich kenne niemanden, der heutzutage noch Messer aus Steinen herstellen kann. Es zeigt, wer wir einmal waren.«

»Kannst du Messer aus Stein machen, Vater?«, fragte der Sohn.

»Ja. Mein Vater hat es mir beigebracht. Aber es ist nicht leicht, diese Art Stein zu finden.«

»Ich weiß, wo es solche Steine gibt«, sagte Henry. »In der Missionsstation. Die Schwarzröcke haben zwei große Brocken. Sie liegen in einer verstaubten Kiste. Ich habe sie irgendwann einmal gesehen. Vielleicht kann ich einen davon gegen irgendetwas eintauschen. Wirst du es mir zeigen, wenn ich das schaffe?«

»Das werde ich tun, wenn du mir versprichst, dass du es deinem eigenen Sohn beibringst.«

Und so geschah es. Die Schwarzröcke in der Mission konnten sich nicht mehr daran erinnern, woher die glänzenden schwarzen Steine gekommen waren. Sie hatten keine Verwendung dafür und waren froh, sie loszuwerden.

One Bull musste erst einmal die Werkzeuge finden, die sein Vater benutzt hatte. Eines war wie ein Hammer und bestand aus dem Ansatz eines Elchgeweihs. Die anderen waren aus den Spitzen eines Hirschgeweihs. Eines Abends betrachtete One Bull beim Schein eines lodernden Feuers prüfend die Maserung des Steins und schlug mit dem Geweihhammer darauf. Das tat er mehrmals und schlug dabei jedes Mal einen flachen Splitter ab. Schließlich war er zufrieden. Die Stücke waren wie Glas, und One Bull erklärte, dass in alter Zeit junge Lakota-Männer tief in die Shining Mountains (auch Bighorn Mountains genannt) vorgedrungen waren. An einem Berghang gruben sie Stücke des glänzenden Steins aus der Erde.

Henry beobachtete aufmerksam alles, was sein Vater tat; er prägte sich sogar die Geschichten ein. Es dauerte nicht lange, bis One Bull von Neuem gelernt hatte, ein Steinmesser herzustellen. Und Henry brauchte auch nicht lange, um die ersten Schritte dafür zu lernen. Im Laufe der Tage und Wochen wurde er immer besser. Aber er wollte unbedingt auch die Geschichten hören.

Der Herbst kam und ging, der Winter ebenfalls. Henry verwendete so viel Zeit wie möglich darauf, sein Können zu verbessern. Vielleicht tat er das wegen der Geschichten, die ihn in die Zeit zurückführten, bevor die Weißen zu den Lakota gekommen waren – Geschichten über die Ahnen und ihre Lebensweise. Doch jeden Sonntag spannte er das Pferd vor den Wagen und fuhr mit Mutter und Schwester zur Kirche der Schwarzröcke. One Bull ritt nebenher. Sie achteten die Zeremonien der Schwarzröcke und setzten sich, standen auf und knieten, wenn die Glöckchen erklangen. Sie hörten dem Schwarzrock, der die Zeremonie leitete, respektvoll zu, wenn er zu ihnen sprach. Er wirkte oft zornig, wenn er erklärte, der Weg der Schwarzröcke sei der einzige Weg und ihr Gott sei der einzige Gott.

Henry fragte seinen Vater nicht, weshalb er in die Kirche der Schwarzröcke ging, aber er verstand es. One Bulls Geduld und Toleranz gegenüber den Schwarzröcken amüsierten ihn. Sein Verhalten glich dem eines Erwachsenen gegenüber einem unartigen Kind. Doch er fragte seinen Vater, weshalb er der Frau und der Tochter von Fork Tail jede Woche Essen brachte und sich die Zeit nahm, Feuerholz für sie zu sammeln.

»Das ist unsere Art, uns um jemanden von uns zu kümmern, der in Not ist. Man hat uns gelehrt, für Witwen und Waisen zu sorgen«, erwiderte One Bull ruhig und bestimmt.

Für Henry war die Antwort bedeutsamer als alles, was die Schwarzröcke sagten.

Die Jahre vergingen. Henry begann, zur Überraschung und Freude seiner Eltern, um Fork Tails Tochter zu werben. Doch One Bull war traurig, weil sein alter Freund, der Medizinmann, nicht da war, um zu sehen, was geschah. Nach einem Jahr heirateten Henry und Sarah. Natürlich mussten die Schwarzröcke die Zeremonie durchführen.

One Bull half seinem Sohn, Fork Tails Haus zu erweitern, und dort begann Henry sein neues Leben.

Im Jahr darauf fand Henry eine neue Arbeit bei der Bahngesellschaft, die südlich des Reservats eine Eisenstraße baute. Er verdiente genug, um ein größeres Haus für seine Familie und seine Eltern zu bauen. Esther war inzwischen verheiratet. Sie und ihr Mann errichteten auf dem Land ihres Vaters mit One Bulls Hilfe ein Blockhaus.

Im Monat der platzenden Bäume – im Februar, wie die Weißen ihn nannten – bekam One Bull einen Husten. Seine Lunge wurde schwer, und er hatte Schwierigkeiten beim Atmen. Eines Tages schickte er nach seinem Sohn.

Henry sah betroffen, wie gebrechlich sein Vater geworden war. Doch seltsamerweise leuchtete in den alten Augen ein helles Licht. An einem kalten Nachmittag bat One Bull seinen Sohn, ihn zu begleiten. Er führte Henry zu dem Baumstumpf und holte den Beutel mit der schwarzen Pfeife, dem Stiel und dem Tabak hervor. Henry war überrascht. Er hatte nicht gewusst, dass sein Vater eine Pfeife besaß. Sie gingen zu dem freien Platz im Gebüsch auf dem Hügel. Dort stopfte One Bull die Pfeife; sein Sohn sah zu.

Bevor er sein Gebet begann, griff der Vater nach Henrys Hand und hielt sie. Sein Griff war fest, auch wenn er immer wieder husten musste. Er sah seinem Sohn in die Augen und sagte: »Es wäre eine traurige Welt ohne uns Lakota. Es muss immer Lakota auf der Welt geben.«

Nachdem er sein Gebet beendet hatte, übergab One Bull die Pfeife und das Zubehör seinem Sohn. Dann richtete er eine einfache, von Herzen kommende Bitte an Henry.

One Bull starb am vierzehnten Tag im Monat der platzenden Bäume. Die Familie saß am Abend davor bei ihm und Henry sagte ihm, dass ein Enkelkind unterwegs sei. Das Lächeln seines Vaters sollte er nie vergessen.

Henry und sein Schwager hoben auf der freien Stelle im Gebüsch auf dem Hügel ein Grab aus. Das war eine harte Arbeit, denn die Erde war gefroren. Wie One Bull es sich gewünscht hatte, wickelten Alice und Esther ihn in einen alten Umhang aus Elchleder, den seine Mutter ihm einst geschenkt hatte. Man hatte nur einige wenige

Freunde und Verwandte benachrichtigt, und sie kamen, um One Bull zu begraben. Ein Mann sang ein Lied zu Ehren des alten Kriegers, und danach gab es ein Festmahl.

Einige Tage später kam einer der Schwarzröcke zu Henrys Haus. Die Nachricht von One Bulls Tod hatte sie schließlich doch erreicht. Der Schwarzrock war zornig, weil man sie von der Beisetzung ausgeschlossen hatte. Er verlangte zu wissen, wo One Bull begraben lag, doch Henry weigerte sich, es ihm zu sagen. Sein Vater hatte ihn darum gebeten. Henry lächelte nachsichtig angesichts des wütenden Schwarzrocks, so wie man es bei einem unartigen Kind tut.

Die Schwarzröcke erfuhren nie, wo One Bull begraben lag. Und sie wussten auch nicht, dass seine Pfeife auf die nächste Generation übergegangen war.

In Henrys Haus gab es ein schmales Holzbord an der Wand im Vorderzimmer. Darauf lagen mehrere Messer aus glänzendem schwarzem Stein mit Griffen aus Eschenholz. Hinter dem Bord lag, versteckt in einem Spalt, der in die Wand aus Baumstämmen geschnitten worden war, eine Pfeife.

One Bull hatte einen Weg gefunden und gewonnen.

Im Feuer

Vor beinahe dreißig Jahren hörte ich im Radio einen Bericht über das bevorstehende B-Jugend-Hochschul-Basketballturnier von South Dakota. Beim Eröffnungsspiel trafen zwei von acht Mannschaften mit einem ähnlichen Punktestand aufeinander. Ein Reporter berichtete über die ziemlich selbstbewusst auftretende Mannschaft, die ihre Spiele immer mit zehn bis zwanzig Punkten Vorsprung gewonnen hatte. Der zweite Reporter berichtete über die andere

Mannschaft, die mit jeweils zwei bis drei Punkten Vorsprung gewonnen hatte. Seine Überlegung war, dass diese Mannschaft den Druck des scharfen Wettbewerbs kannte und oft gekämpft hatte, um Spiele bei sehr geringem Punkteabstand zu gewinnen, während das bei der anderen Mannschaft nicht der Fall war. Die zweite Mannschaft siegte im Eröffnungsspiel nicht nur mit einem Vorsprung von zehn Punkten, sondern gewann das Turnier.

Die besonders selbstbewusste Mannschaft hatte keine mentale Stärke entwickelt. Die jungen Männer besaßen ohne jeden Zweifel die nötigen sportlichen Fähigkeiten und Spieltechniken und hatten alle das Training absolviert. Aber sie waren nie durch den Druck enger Spiele, deren Ende bis zur letzten Sekunde offen war, mental auf den Prüfstand gestellt worden. Ihre Gegner im ersten Spiel waren ihnen vielleicht in sportlicher Hinsicht nicht ebenbürtig, doch sie hatten große Erfahrung darin, trotz geringer Chancen alle Hindernisse zu überwinden. Der entscheidende Faktor war ihre mentale Stärke.

Doch das Leben ist kein Basketballspiel. Es gibt alle möglichen Situationen, die einem erwachsenen Mann die Tränen in die Augen treiben können, etwa ein Schlachtfeld in Korea oder ein Gefangenenlager in Nordkorea. Dort erlebte Tibor Rubin, ein ungarischer Jude und Immigrant, der beim amerikanischen Militär diente, seine Feuerprobe.

Der Kompanieführer hatte dem jungen Soldaten befohlen, allein die Verlegung seiner Kompanie von einem Hügel zu sichern. Rubin wartete, nur mit seinem Gewehr und einem Vorrat an Handgranaten, darauf, dass der Feind den Hügel angreifen würde. Als es soweit war, kämpfte er wild entschlossen, wechselte die Stellung, schoss, warf Handgranaten und machte den Feind glauben, der Hügel werde von einer ganzen Kompanie gehalten. Der junge Soldat verhinderte vierundzwanzig Stunden lang, dass der Feind den Hügel einnahm, und sicherte damit erfolgreich den Rückzug seiner Kompanie. Als ihm die Munition ausging, machte er sich auf den Weg zu seinen Kameraden, die staunten, dass er noch lebte.

Einige Monate später drohte Rubin zum zweiten Mal im Leben ein Gefangenenlager. Nachdem die Chinesen sein Regiment geschlagen hatten, wurde er mit mehreren anderen Soldaten gefangen genommen und in ein nordkoreanisches Kriegsgefangenenlager gebracht. Die amerikanischen Soldaten wurden, um es höflich auszudrücken, schlecht behandelt, mangelhaft ernährt und erhielten keinerlei medizinische Behandlung. Der junge ungarische Immigrant griff auf seine Erfahrung in einem Konzentrationslager der Nazis im Zweiten Weltkrieg zurück, um seinen Mitgefangenen Mut zu machen. Er brachte ihnen bei, mit einem Minimum an Essen zu überleben, das er teilweise unter Lebensgefahr aus der Gefängnisküche stahl. Da sich Rubin schon einmal in einer vergleichbaren Situation befunden hatte, wusste er, dass es möglich war, Hunger, Krankheit, Kälte und Schlägen zu trotzen. Gestützt auf seine unvorstellbaren Erfahrungen, bemühte er sich mit aller Kraft zu verhindern, dass seine Kameraden verzweifelten. Schließlich kamen die amerikanischen Soldaten im Zuge eines Gefangenenaustauschs frei.

Einige Jahre später wurde Tibor Rubin amerikanischer Staatsbürger. Doch es vergingen noch einmal mehrere Jahre, bis man ihm für seinen Heldenmut auf dem Schlachtfeld die Tapferkeitsmedaille verlieh. Dass er auf die Medaille warten musste, weil seine Unterlagen »verloren gegangen« waren, war vermutlich bedeutungslos im Vergleich zu dem, was er auf dem Schlachtfeld und im Gefangenenlager durchgemacht hatte.

Die meisten von uns müssen die Härten, die Tibor Rubin auf dem Schlachtfeld und in zwei Gefangenenlagern erduldet hat, nicht erleben oder sich ihnen stellen. Verglichen damit verblassen die meisten unserer Alltagsprüfungen. Doch die Tatsache, dass Rubin vor den entsetzlichen Ereignissen psychologisch nicht kapitulierte, ist ein Beispiel für den Rest von uns oder sollte es sein. Viele Probleme erscheinen uns unüberwindlich, und wir mögen überzeugt sein, dass uns das Wissen, die Erfahrung oder die Fähigkeit fehlen, sie zu meistern. Doch Rubin hat gezeigt, dass der erste Schritt zur Lösung oder Überwindung eines Problems darin besteht, sich ihm zu stellen. Diesem Schritt folgt meist aktives Handeln.

Sich einem Problem zu stellen und entsprechend zu handeln ist aber keine Garantie für Erfolg. Thomas Edison unternahm Hunderte vergeblicher Versuche, eine Glühbirne zu entwickeln, bevor es ihm schließlich gelang. Doch wenn er über die Fehlschläge sprach, sagte er einfach, er habe viele Hundert Wege gefunden, eine Glühbirne *nicht* herzustellen. Edison macht deutlich, dass diese Haltung zu einer schwierigen Situation der vielleicht wichtigste Teil des Ganzen ist. Wir lernen, nicht aufzugeben, ganz gleich, wie die Sache ausgeht. Und zu wissen, dass wir nicht aufgeben sollten, ist ein machtvolles Wissen.

Uns begegnen im Laufe unseres Lebens Widrigkeiten in vielerlei Gestalt, seien es Probleme, Hindernisse oder Herausforderungen, mit denen wir alle zu kämpfen haben. Wahrscheinlich haben wir gelernt, auf zwei grundsätzliche Arten damit umzugehen: zu hoffen, dass sie sich schließlich von selbst erledigen, oder uns der Situation zu stellen. Ganz gleich, wie wir mit diesen Dingen umgehen, wir sollten wissen und verstehen, dass es Gelegenheiten sind, emotional und mental stärker zu werden.

Die Bandbreite von Widrigkeiten ist groß und reicht von leicht und einförmig bis hin zu qualvoll, herzzerreißend und lebensbedrohlich. Unsere erste Reaktion kann von innerem Unbeteiligtsein bis hin zu Angst und dem Gefühl von Bedrohung reichen – und das alles ist verständlich. Wir sollten uns lieber früher als später bewusst dafür entscheiden, uns mit der Situation auseinanderzusetzen. Uns einer Sache zu stellen kann und wird uns stärker machen; es wird uns eine Erfahrung und eine Charaktereigenschaft geben, auf die wir immer zurückgreifen können. Wir können wie der Bogen aus grünem Eschenholz sein, den mein Großvater in die Hitze über glühenden Kohlen hielt. Die Hitze trocknete ihn, härtete ihn und machte ihn stark.

Im Laufe der Jahre habe ich immer wieder an diesen Bogen gedacht. Leider ist er bei einem unserer Umzüge verloren gegangen. Doch mir ist als wichtige und bleibende Lektion in Erinnerung geblieben, wie er entstand und wie er funktionierte. Zweifellos spielten das Wissen und Können meines Großvaters eine wichtige Rolle, denn ohne sie wäre der Holzstab nie zu einem Bogen geworden. Doch seine Stärke erhielt er dadurch, dass er über das Feuer gehalten wurde.

Ich kann mich genau an den Augenblick erinnern, als ich den Stab über dem Feuer mit dem Leben gleichsetzte. Ich war ein junger Erwachsener, und hinter mir lag gerade eine äußerst schwierige Zeit. Wenn es in meinem Leben eine Gewissheit gibt, dann diese: Das Leben kann uns jederzeit und auf jede mögliche Weise ins Feuer halten, gleich, ob wir dazu bereit sind oder nicht. Die andere Gewissheit ist, dass das letzte Mal, als wir ins Feuer gehalten wurden, nicht das letzte Mal gewesen ist.

Jeder erfahrene Bogenmacher weiß: Hitze ist der wirkungsvollste Auslöser für einen Wandel. In unserem Alltag sind Widrigkeiten die Auslöser, die Stärke aufbauen können und es auch tun. Wir alle stehen jeden Morgen vor einem neuen Tag. Manche von uns sind mit der Aussicht auf eine banale Routine konfrontiert, sei es die Fahrt zum Arbeitsplatz und zurück oder das Sich-Kümmern um die unterschiedlichen Bedürfnisse und den Komfort der Familie. Vielleicht müssen wir uns mit einem großen Kummer herumschlagen oder eine überaus schwierige Entscheidung treffen. Niemand bleibt verschont von Schwierigkeiten und der Notwendigkeit, irgendwelche Hindernisse zu überwinden.

Allzu oft scheint keine sofortige Antwort oder Lösung in Sicht zu sein, kein Ende der Probleme, die uns tagaus, tagein belasten. Dann halten wir nicht inne und denken daran, dass die Situation uns lehrt, stark zu sein, oder dass wir unseren Charakter entwickeln. Doch wenn man aus Problemen und Schwierigkeiten einen Nutzen ziehen kann – über ihre Bewältigung und das Überleben hinaus –, dann ist es genau diese Entwicklung von Stärke und Charakter. Das lehrt uns die Geschichte von Tibor Rubin ebenso wie die Geschichte von One Bull.

Zum Glück kann man aber auch auf andere Art lernen. Meine Großeltern merkten, dass ich mich als Fünfjähriger vor der Dunkelheit fürchtete. Keiner von beiden schimpfte deshalb mit mir oder kritisierte mich in irgendeiner Form. Genau genommen sagten sie überhaupt nichts. Zu meinen Aufgaben gehörte es, die Brennholzkisten zu füllen. Eine Kiste stand auf der geschlossenen Veranda, die andere neben dem Küchenherd. Im Sommer war es nicht so entscheidend, sie ständig gefüllt zu halten, doch meine Großmutter brauchte trotzdem Holz zum Kochen.

Mein Großvater spaltete das Holz etwa dreißig Meter vom Haus entfernt und stapelte es ordentlich auf. Meine Großmutter deutete oft auf die Holzkiste und forderte mich damit auf, wenigstens einen Armvoll Holz zu holen. Für mich waren das etwa vier oder fünf Scheite. Die Erinnerung kam üblicherweise nach Einbruch der Dunkelheit. Das bedeutete, ich musste im Dunkeln zum Holzstapel und zurück gehen. Zu wissen, dass unsere Hunde draußen waren und mich begleiten würden, tröstete mich ein wenig.

Außerdem brachte mein Großvater manchmal die Pferde in einem Pferch am Haus unter, insbesondere dann, wenn wir am nächsten Tag mit dem Fuhrwerk irgendwohin fahren wollten. Dann trug er mir öfter auf, danach zu schauen, dass das Gatter geschlossen und die Pferde noch im Pferch waren.

Für den Weg zum Pferch und von dort zum Holzstapel brauchte ich von dem Augenblick, an dem ich das Haus verließ, bis zu meiner Rückkehr ganze vier Minuten – drei, wenn meine Fantasie besonders aktiv war und im Dunkeln alle möglichen unheimlichen Geschöpfe zu lauern schienen.

Doch an manchen Abenden forderte mein Großvater mich auch auf, ihn nach draußen zu begleiten. Dann ging er um den Pferch herum zum Gemüsekeller oder er schlug einen Weg ein, der vom Haus wegführte. Ich konnte mir den Grund für diese kurzen nächtlichen Ausflüge nie erklären. Manchmal stand er einfach da und blickte in den Nachthimmel oder lauschte auf die nächtlichen Geräusche um uns herum. Es gab keinen Grund, mich zu fürchten, solange er da war.

Ich brauchte eine Weile, um herauszufinden, dass es draußen im Dunkeln natürlich alle möglichen Dinge gab, aber nichts, was nicht auch bei Tag da gewesen wäre, und nicht die Dinge, die meine Fantasie mir einzureden versuchte. Mit der Zeit verlor ich meine Angst vor der Dunkelheit. Wenn ich jetzt sehe, wie die Sonne untergeht, denke ich beinahe jedes Mal daran, wie klug, wie ruhig und liebevoll meine Großeltern mich lehrten, stark zu sein.

Emotionale, mentale und geistige Stärke ist der erste Schutzwall gegen Härten und Schwierigkeiten. Sie ist eine Eigenschaft, die wir nicht kaufen oder durch Handeln erwerben können. Und das Komische ist: Um Härten mit Stärke begegnen zu können, müssen wir zuerst Härten erleben und dadurch stark werden. Der Lernprozess ähnelt einer Impfung. Wir werden mit der Krankheit immunisiert, der wir vorbeugen wollen. Mit Sicherheit befinden wir uns vom Augenblick unserer Geburt an in diesem Lernprozess. Jeder Tag ist eine Gelegenheit, durch das Leben zu lernen, wie man stark wird.

Unsere Lebensumstände sind nicht alle gleich. Zwar fallen wir in generelle demografische Kategorien, doch die individuellen Bedingungen unterscheiden sich; es gibt Milliarden Geschichten. Wir leben nicht alle in der Stadt oder auf dem Land. Unsere Glaubensvorstellungen variieren ebenso wie unser Einkommen, unsere Lebensbedingungen, die Zusammensetzung der Familie, unsere Bildung und so weiter. Aber zwei Faktoren (Wirklichkeiten, wenn man so will) haben wir alle gemeinsam: Keiner von uns hat darum gebeten, geboren zu werden, und keiner von uns weiß genau, wie sein Leben enden wird. Die Reise dazwischen macht jeden von uns zu dem, der er ist und was er ist.

Mein Vater hatte sich nie vorgestellt, dass er seinen neunzehn Jahre alten Bruder verlieren würde, obwohl beide beim Militär und im Zweiten Weltkrieg in den Kampfgebieten des Pazifiks stationiert waren. Tod und Verwundung waren realistische Möglichkeiten, doch als die Möglichkeit zur Realität wurde, war das ein Schock.

Mein Vater war Anfang 1945 mit einem Pionierbataillon der 8. Armee der US-Luftwaffe auf Okinawa stationiert. Nachdem seine Einheit an Aufräumarbeiten beteiligt gewesen war, baute sie Lager für die japanischen Soldaten, die sich ergeben hatten oder gefangen genommen worden waren. Mein Onkel war auf der Philippinen-Insel Luzon stationiert und gehörte zu einer Kompanie des Hauptquartiers der 44. Infanteriedivision.

Die beiden Männer standen nur sporadisch miteinander in Verbindung; hin und wieder wechselten sie Briefe. Sie wurden hauptsächlich durch meine Großeltern über die jeweilige Situation des anderen auf dem Laufenden gehalten, die durch Briefe mit beiden in Kontakt standen. Meine Mutter schrieb ihnen ebenfalls regelmäßig. Während des Krieges brauchte Post von zu Hause in die Kampfgebiete allerdings mitunter zwei Wochen.

In der Nacht vom 12. Juni 1945 hatte mein Vater Wachdienst in einem der Lager, an deren Bau er mitgewirkt hatte. Er stand außerhalb des Zauns zwischen zwei Laternenpfählen auf Posten. Das Licht erhellte das Tor und die Schotterstraße davor. Mein Vater patrouillierte mit seinem M1-Gewehr auf der Strecke zwischen den Laternenpfählen. Etwa um die Mitte seiner Wache hörte er, nachdem er gerade die Straße überquert hatte, dass ihm etwas oder jemand folgte. Er hörte das Geräusch von Schritten auf dem Schotter. Doch als er sich umdrehte, um den vermeintlichen Verfolger anzurufen – möglicherweise ein entflohener Kriegsgefangener –, sah er niemanden.

Mit der Taschenlampe suchte er aufmerksam und gründlich die Umgebung ab, doch ohne Erfolg. Als er seine Patrouille wieder aufnahm, hörte er die Schritte von Neuem. Er reagierte wie vorher, mit demselben Ergebnis. Außer ihm war niemand vor dem Lagertor. Ich glaube mich zu erinnern, dass er dem Korporal der Wache meldete, möglicherweise sei ein Gefangener geflohen, doch eine Zählung ergab, dass alle Gefangenen dieses Abschnitts anwesend waren.

Der Vorfall ließ ihn nicht los. Er hatte genügend Gespenstergeschichten gehört, und das Geräusch der Schritte auf dem Schotter hatte eindeutig etwas von einer Geistererscheinung oder ließ sich zumindest nicht so leicht erklären.

Dann erhielt er eine Nachricht vom Roten Kreuz, die für ihn die Schritte erklärte. In einem Telegramm wurde ihm mitgeteilt, dass sein jüngerer Bruder am 8. Juni verwundet worden und am 12. Juni gestorben war – an dem Tag, an dem mein Vater Wachdienst hatte.

Mein Vater erzählte mir die Geschichte nur einmal. Als ich sie wieder hören wollte, musste ich mich an meine Mutter wenden, und sie wiederholte die Geschichte genauso, wie mein Vater sie erzählt hatte. Erst Jahre später, als junger Erwachsener, verstand ich zwei Bemerkungen meines Vaters zu diesem Vorfall. Zum einen glaubte er, der Geist seines Bruders sei gekommen, um Abschied zu nehmen, und habe die Schritte hervorgebracht. Zum anderen hatten ihn die Schritte (und der Besuch seines Bruders) auf die Todesnachricht vorbereitet. Er war seinem jüngeren Bruder immer dankbar dafür, dass er ihn vorgewarnt hatte, um den Schock abzumildern.

Eine der Lektionen, die ich aus der Geschichte meines Vaters über die Schritte auf dem Schotter gelernt habe, ist, dass das Leben uns lehrt, stark zu sein – jedenfalls, wenn wir es zulassen. Man muss nicht an Geister glauben, wir müssen nur jeden Tag unser Bestes geben, um durch den Tag zu kommen. Und im Laufe der Tage werden sich Zufälle, Vorfälle und Ereignisse ergeben, die Lektionen für unser Leben sind – häufiger, als uns bewusst wird.

Kein größerer Schatz

Sir David Lean (1908–1991), der britische Regisseur, Produzent und Drehbuchautor von Monumentalfilmen wie *Lawrence von Arabien, Die Brücke am Kwai, Doktor Schiwago* und *Reise nach Indien* versuchte in den späteren Jahren seiner Karriere, ein großes Filmstudio für ein neues Projekt zu gewinnen. In einem Vorzimmer geriet er zunächst an einen jungen Mann zwischen zwanzig und dreißig, der keine Ahnung von Lean und seinen Erfolgen hatte.

Die ersten Worte aus dem Mund des jungen Mannes waren: »Sagen Sie mir, was Sie gemacht haben.«

Lean erwiderte darauf: »Zuerst Sie!«

Ich kann mich nicht für die Wahrheit der Geschichte verbürgen, doch sie klingt für mich wahr, und ich habe das Gefühl, jedermann über fünfzig möchte, dass sie wahr ist. Wie auch immer, sie spricht leider eine Binsenwahrheit aus. Wir leben in einer auf die Jugend ausgerichteten Welt, die keinen Platz für graues Haar und Langsamkeit hat. Das ist eine traurige Folge des Sterbens der Dörfer, des Verlusts der traditionellen Struktur vieler Kulturen, in denen das Wissen und die Erfahrung alter Menschen ganz oben standen. Infolgedessen erleben viele Kinder während ihrer prägenden Jahre nicht mehr den konstanten Einfluss der Großeltern.

Die meisten Menschen, die meine Kindheit begleiteten, waren alt. Es waren Altersgenossen, Freunde und Verwandte meiner Großeltern väterlicher- und mütterlicherseits. Die Jahre meiner Entwicklung verbrachte ich bei meinen Großeltern, meist bei den Eltern meiner Mutter, Albert und Annie Two Hawk. Eigentlich waren sie bis auf die zwei Jahre, als ich von der Mittelschule auf die Highschool wechselte, immer in der Nähe und während dieser beiden Jahre nicht mehr als ungefähr 120 Kilometer entfernt. Ich hatte regelmäßig Gelegenheit, die Großeltern väterlicherseits zu besuchen und Zeit mit ihnen zu verbringen, und auch sie waren nie weiter als 220 Kilometer entfernt. Sie alle wurden über achtzig Jahre alt und waren weit über die Kindheit hinaus bis in die Mitte meiner dreißiger Jahre Teil meines Lebens.

Als Kind empfand ich meine Großeltern nicht als alt. Chronologisches Alter spielte in meinem Bewusstsein keine Rolle. Ich betrachtete sie hauptsächlich als Menschen, die alles wussten und alles tun konnten. Außerdem hatten sie alle Sinn für Humor und machten gern Scherze. Mein Großvater Albert erzählte mir beispielsweise, er habe mal in einer Firma gearbeitet, in der Nudelhörnchen hergestellt wurden. Er habe zuerst die Löcher gebohrt und die Nudeln dann gebogen.

Ich hatte (gelinde gesagt) Glück, zu einer Zeit und an einem Ort Kind zu sein, wo Großeltern und ältere Menschen allgemein ein integraler Teil der Gemeinschaft waren – offensichtlich weit mehr, als das heute der Fall ist. Nichts störte die natürliche Verbindung von Kindern und älteren Menschen. Keine gesellschaftliche Zusammenkunft schien natürlich ohne die Anwesenheit alter Menschen. Bei all diesen Treffen bat man mindestens einen der Alten, zu sprechen und ein paar dem Anlass angemessene weise Worte zu sagen. Totenwachen oder Gedenkveranstaltungen für einen Verstorbenen waren Anlässe, bei denen die Alten immer das Wort ergriffen. Bei diesen Gelegenheiten waren ihre Weisheit und ihre Einsichten besonders vonnöten. Ich kann mich an keinen alten Mann und keine alte Frau erinnern, der oder die nicht der Inbegriff von Mitgefühl, Sensibilität,

Güte und Weisheit gewesen wäre. Sie schafften es immer, andere mit ihren Worten zu trösten und aufzurichten und so zu stärken.

In meiner Kindheit waren die Verbindung und der Umgang mit Großeltern und anderen Alten nicht durch äußere Einflüsse wie Telefon und E-Mails gelockert oder beeinträchtigt. Man stand sich immer persönlich gegenüber: Ich hörte zu oder beobachtete sie bei der Arbeit; sie brachten mir bei, etwas Bestimmtes zu tun, oder erklärten etwas. Und dabei gab es keine Störung durch eine negative Haltung, schon gar nicht von meiner Seite. Für mich verdienten alle alten Menschen Respekt und gutes Benehmen. Wann und wie ich das gelernt habe, weiß ich nicht mehr genau; trotzdem war es ein Teil meines Wesens. All diese Dinge stärkten meine Beziehung zu den Alten.

Soweit ich es beurteilen kann, erlebte meine Generation vermutlich und bedauerlicherweise das Ende der Zeit, als die Alten eine wichtige Rolle im Dorfleben spielten. Es gibt heute immer noch Großmütter und Großväter, doch die neuen Generationen der Lakota sind beeinflusst von der Orientierung des *Mainstreams* auf die Jugend. Und deshalb ist das Band zwischen den Alten und den Kindern schwächer geworden.

In früherer Zeit war die Weisheit der alten Menschen der wichtigste Einfluss für die Familie und das Dorf. Mit dieser Weisheit regelten die Dörfer ihre Angelegenheiten.

Die Führungshierarchie war simpel. Die Abfolge von oben nach unten sah vor:

wihahcala omniciye
Versammlung der alten Männer oder der Dorfrat

wapiya wicasa
Medizinmänner

wicasa itancan na zuya itancan
Zivile und militärische Anführer

zuya wica na zuya wicasa omniciyapi
Krieger und Kriegergemeinschaften

oyate kin
Die Menschen oder die allgemeine Bevölkerung

Abgesehen von bestimmten Anlässen, etwa wenn ein Dorf das Lager abbaute und weiterzog, funktionierte dieses System ohne eine Autorität, die etwas erzwingen konnte. Genau genommen kannten die Lakota vor der Reservatszeit das Wort *Autorität* ebenso wenig wie die dahinterstehende Vorstellung. (Trotzdem benutzten Linguisten und Lexikografen, die nicht den Lakota angehörten, Worte und Begriffe, die für das Wort *Autorität* stehen, denn sie konnten nicht akzeptieren, dass es in Lakota nicht existiert.)

In der Versammlung der Alten hatte jeder zwei Stimmen. Zum einen sprachen die alten Männer nicht für sich; sie sprachen für die Allgemeinheit. Tatsächlich erhielt jeder der alten Männer individuell den Titel *woglake wicasa,* »Der Mann, der spricht«. Und es wurde erwartet und war Teil des Konzepts, dass er *für* die Menschen sprach. Die zweite Stimme erhielt er dadurch, dass man ihn bat, zu der Versammlung zu sprechen, was häufig vorkam.

Die alten Männer redeten untereinander lange, manchmal tagelang, über ein Thema oder ein Problem. Waren sie zu einem Entschluss gekommen, setzten sie die anderen nicht in Form einer Anweisung oder eines Befehls davon in Kenntnis, sondern in Form eines Ratschlags. Doch da eine Versammlung der Alten Jahrhunderte an Erfahrung repräsentierte und ein beeindruckendes Archiv gemeinschaftlichen Wissens darstellte, hörten die anderen genau zu, und in vielen Fällen befolgten sie den Rat der alten Männer.

Die Weisheit der Alten war für die Lakota über zahllose Generationen hinweg der bestimmende Faktor im Leben von Familie und Gemeinschaft. Ihr Einfluss fand ein Ende, als der Kongress 1934 ein Gesetz mit dem Namen *Indian Reorganization Act* (IRA) erließ. Eine der Änderungen, die das Gesetz für indianisches Territorium mit sich brachte, war die Bildung indianischer Stammesregierungen, die nach dem Muster der Bundesregierung in Legislative, Exekutive und Judikative gegliedert waren. Angefangen hatte die Entwicklung schon 1877. Den verschiedenen Gruppen der Lakota wurden unterschiedliche Reservate zugewiesen, die alle auf einem Gebiet westlich des

Missouri lagen, das damals noch Territorium der Dakota war. Man könnte wohl sagen, dass die Gruppen weder traditionell noch sonst irgendeine Art von Regierung besaßen. Doch mangelte es nicht an Führung. Männer wie Spotted Tail von den Sicangu Lakota und Sitting Bull von den Hunkpapa Lakota (nach seiner Rückkehr aus Kanada) wurden von ihren Stammesangehörigen immer noch als Anführer angesehen. Doch den starken Einfluss der Dorfräte aus der Zeit vor den Reservaten, die den Zusammenhalt der Gemeinschaft gewährleistet hatten, gab es im Grunde nicht mehr.

Das IRA spielte dabei Schicksal, indem es eine Festlegung machte: Das Mindestalter für die Wählbarkeit in das Stammesparlament wurde auf fünfundzwanzig Jahre angesetzt. Die Stämme erhielten Verfassungen, die sich an der Bundesverfassung der USA orientierten – in verkürzter Form. Es gab Kriterien für die Wählbarkeit, um festzulegen, wer sich für das Stammesparlament aufstellen lassen konnte, das als Rat bezeichnet wurde. Eine der Voraussetzungen war das Mindestalter von fünfundzwanzig Jahren.

Das Thema Alter stellte kein unmittelbares Problem dar, denn die Menschen kannten und verstanden im Großen und Ganzen die Rolle der Alten. Sie betrachteten die Alten immer noch als höchste Quelle der Weisheit. Deshalb wurden meist ältere Männer als Ratsmitglieder gewählt. Die ersten Stammesregierungen waren zwar weitgehend machtlos und dienten eher der Repräsentation, doch die Menschen fanden es trotzdem notwendig, Männer zu wählen, die sozusagen Bescheid wussten, also Männer, die ihr Leben gelebt hatten.

Doch eine Generation später gewannen die ersten jüngeren Männer die Wahlen für die Stammesräte. Das Engagement dieser jungen Männer steht ebenso außer Frage wie ihr Einsatz für das Wohl der Gemeinschaft – zumindest in den meisten Fällen. Doch die Lebenserfahrung von Menschen in den Zwanzigern und Dreißigern lässt sich nicht mit der von Sechzigjährigen oder noch Älteren vergleichen.

Machen wir einen Sprung zu den heutigen Stammesregierungen, dann können wir mit einiger Sicherheit davon ausgehen, dass die meisten Mitglieder zwischen fünfundzwanzig und vierzig Jahre alt sind. Man vergleiche das mit der Zeit vor den Reservaten, als die Grundvoraussetzung für einen Platz in der Versammlung alter Männer zunächst einmal darin bestand, überhaupt alt geworden zu sein. Alt zu werden bedeutete ein Leben voller Erfahrung und Wissen, die Grundlage für Weisheit.

Wenn die heutigen Stammesräte eine grundsätzliche Schwäche haben, dann ist es ein einziger Faktor: Jugend. Selbstverständlich gibt es Ratsmitglieder mit entsprechender Ausbildung und Erfahrung, aber jemand unter sechzig hat nicht die Lebenserfahrung, die nötig ist, damit Ausbildung und Erfahrung voll zur Wirkung kommen können. Rechnet man den Faktor Gruppeninteressen hinzu, dann kommt man zu einem Stammesrat, in dem lauter Politiker sitzen, aber keine echten Führer.

Das gilt ebenso für Stammesvorsitzende beiderlei Geschlechts, Präsidenten und Gouverneure. Ihre größte Bürde ist ihre Jugend. Stammesverfassungen und übrigens auch die Verfassung der USA und der Einzelstaaten sollten dahingehend geändert werden, dass das Mindestalter für gewählte Amtsträger ohne Wenn und Aber auf sechzig Jahre angehoben wird.

Das Ende des nomadischen Wanderlebens veränderte mehr oder weniger die gesamte Kultur der Lakota. Diese Veränderung hatte Auswirkungen auf jeden Aspekt des Lebens. Das war für alle hart, aber am härtesten war es für die Jäger und Krieger zwischen achtzehn und Mitte vierzig. Sie waren die Jäger und Krieger in der körperlich aktivsten Zeit des Lebens. Zu der Veränderung gehörte, dass Jäger und Krieger ihre Waffen und Pferde aufgeben mussten. Es war nicht mehr nötig, dass sie jagten, denn nun stellte der Staat Lebensmittel zur Verfügung. Kämpfe gab es auch nicht mehr, denn die Lakota hatten sich der Autorität der Weißen gebeugt. Im Grunde gab es für den Jäger/Krieger keine Verwendung mehr.

Vermutlich sicherten in der Zeit von 1870 bis 1940 zwei Gruppen das Überleben der Lakota-Kultur: die Frauen und die alten Männer.

Die Frauen taten einfach weiterhin, was sie seit unzähligen Generationen getan hatten: Sie waren die Ernährerinnen und das Rückgrat der Familien. Um es deutlich zu sagen, sie hielten die Familien zusammen, selbst als ihre Ehemänner und Söhne den Halt verloren und versuchten, in dem neuen Leben unter der Autorität der Weißen einen neuen Platz und einen neuen Sinn zu finden. In dieser Zeit verbreitete sich der Alkoholismus und bürdete den Familien eine weitere Last auf.

Auch die Alten waren eine Kraftquelle. Sie erinnerten alle daran, dass der beste Weg, die neue Ordnung zu ertragen und zu überleben, für die Lakota darin bestand, sich darauf zu besinnen, wer sie waren, und dass es keineswegs bedeutete, wie die Weißen zu sein, wenn man wie sie lebte.

Die Umstände verlangten von den Lakota eine Entwicklung zur Stärke. Niemand kann mich vom Gegenteil überzeugen: Hätten sich die Frauen und die Alten nicht der Situation gewachsen gezeigt, als ihr Volk am verletzlichsten war, wäre die Kultur der Lakota vielleicht völlig untergegangen und die Assimilation hätte gewonnen.

Doch es gab Verluste, und einer der größten ist vielleicht der Verlust unserer Achtung vor den Alten. In dieser Hinsicht ist es hauptsächlich deshalb zu einem Bruch gekommen, weil wir die Haltung des *Mainstreams* gegenüber alten Menschen übernommen haben. Heute ist es für uns wie für die meisten nicht unüblich, unsere Alten in Pflegeheime zu verbannen, weit entfernt von dem Ehrenplatz, den die Alten bei den Lakota traditionell in Familie und Gemeinschaft einnahmen.

In der Zeit des Nomadenlebens wurden die Wigwams der Alten nicht in der »Altenstation« aufgebaut. Einen solchen Platz gab es nicht. Alte Menschen lebten üblicherweise neben ihren Kindern. Verwitwete Frauen und Männer lebten oft mit ihren Kindern zusammen in einem Drei-Generationen-Haushalt.

Interessanterweise sind Altenheime (oder Pflegeheime bzw. Einrichtungen für betreutes Wohnen) eine relativ neue Erscheinung. Diese Art Fürsorge für die Alten hat ihren Ursprung im Wesentlichen im 19. Jahrhundert. Damals richteten kirchliche Gruppen besondere Heime für alte Menschen ein, üblicherweise mit einem speziellen ethnischen oder religiösen Hintergrund. Zu Beginn des 20. Jahrhunderts gab es keine staatlichen Hilfen. Deshalb verbannte man arme (oder behinderte) alte Menschen in Anstalten, die sogenannten Versorgungsheime. Die Bedingungen dort waren allerdings schlecht und die Pflege problematisch. Im Großen und Ganzen waren spezielle Pflegeeinrichtungen nicht immer die besten Plätze für die Alten und Kranken, bis Gesetze erlassen wurden, die Standards und Richtlinien für die Pflege festlegten. Selbst Mitte der 1980er-Jahre rangen Staaten und Bundesregierungen immer noch um Probleme der standardisierten Pflege und der Finanzierung von Pflegeheimen.

Neuere Statistiken zeigen, dass 20 Prozent der amerikanischen Bevölkerung vierzehn Jahre und jünger sind, 67 Prozent sind zwischen fünfzehn und vierundsechzig Jahren und beinahe 13 Prozent sind fünfundsechzig Jahre oder älter. In Zahlen ausgedrückt bedeutet das, dass die letzte Kategorie etwa neununddreißig Millionen umfasst.

Diese neununddreißig Millionen Menschen bringen zusammengenommen zwei Milliarden und fünfhundertfünfunddreißig Millionen Jahre Lebenserfahrung mit. Einen größeren Schatz und eine größere Ressource gibt es nicht.

Man kann mit Sicherheit davon ausgehen, dass der »Bruch« mit den Alten, wie ich es nenne, in der amerikanischen (und der westlichen) Gesellschaft mehrere Gründe hat. Es sind allerdings nicht die Alten, die mit den Generationen der Jüngeren gebrochen haben. Eindeutig ist es umgekehrt. Einer der Gründe dafür liegt unter anderem darin, dass wir eine mobile Gesellschaft sind; infolge wechselnder Arbeitsplätze und beruflicher Laufbahnen ziehen wir immer wieder um. Die meisten Menschen wechseln den Arbeitsplatz oder den Beruf nach vier Jahren. Im Laufe ihres Lebens haben sie zwischen sieben und zehn verschiedene Berufe oder Arbeitsstellen. Berufliche Beförderung oder Versetzung ist oft gleichbedeutend mit örtlicher Veränderung. Familien werden zerstreut und verlieren mehr oder weniger die Verbindung. Damit schneiden sie sich vom Einfluss der Großeltern ab.

Nach einer kürzlich von den Medien verbreiteten Statistik leben nur in 48 Prozent der amerikanischen Haushalte Ehepaare. Wenn das stimmt, dann bedeutet es, dass das, was wir als traditionelle Beziehung zwischen Kindern und Großeltern betrachten, vermutlich auch nicht mehr das ist, was sie einmal war. Die augenblickliche Scheidungsrate und die Bildung von Patchwork-Familien haben für diese Beziehung ebenfalls negative Folgen. Vieles, was einmal als traditionelles Familienleben galt, hat sich geändert. Es gibt keine klar definierten Rollen mehr. Doch diese Veränderungen sollten die emotionalen Bande von Kindern und Großeltern nicht völlig durchtrennen. Es gibt andere Wege, in Verbindung zu bleiben.

Alte Menschen sind immer noch wertvolle Quellen der Weisheit, und obwohl die Zeiten, in denen wir an langen Winterabenden ihren Geschichten zugehört haben, für die meisten von uns weit zurückliegen, bietet uns die moderne Technik eine Möglichkeit, in Verbindung zu bleiben. Meine Tochter reagiert sofort auf SMS, und auf diese Weise die Verbindung zu alten Menschen zu halten ist besser als nichts. Meine Generation muss lernen, ein Smartphone zu benutzen und im Hinblick auf den technischen Fortschritt auf dem Laufenden zu bleiben, auch wenn wir uns viele Entwicklungen nie hätten träumen lassen. Wenn das notwendig ist, um mit unseren Kindern und Enkeln in Kontakt zu bleiben, dann sei es so. Die Liebe, die Großmutter und Großvater in einer Mailbox-Nachricht, einer E-Mail oder einer SMS zum Ausdruck bringen, ist immer noch echt, selbst wenn sie nicht von einer Umarmung begleitet wird. So ist auch die Weisheit alter Menschen nicht weniger wertvoll, wenn sie über das Internet kommt.

Aber ich vermisse die Umarmungen. Ich bin ein Mensch meiner Generation, und deshalb ist mir eine direkte, persönliche Verbindung, ein vertrauliches Gespräch lieber. Mir läuft es kalt über den Rücken, wenn ich daran denke, dass wir in einer Zeit leben, in der diese Dinge immer seltener werden.

Eine meiner Lieblingsgeschichten stammt aus meiner Internatszeit im Rosebud-Reservat. Eine Freundin berichtete von einem Erlebnis ihrer Mutter im einzigen konfessionellen Internat des Reservats. Die Mutter war damals sieben Jahre alt. Sie und eine Freundin wurden hart bestraft, nachdem man sie dabei ertappt hatte, dass sie Lakota sprachen, denn das verstieß gegen die Regeln des Internats (und der Regierung).

In den Sommerferien erzählte das Mädchen seiner Großmutter von dem Vorfall. Die Großmutter hatte Mitleid mit ihrer Enkelin und gab ihr einen Rat. Sie sagte: »Das nächste Mal flüsterst du.«

Weisheit bildet in jeder Gesellschaft, Kultur oder Nation die Grundlage von Stärke. Und die Quelle der Weisheit fließt in unseren alten Menschen. Diese Realität zu ignorieren, ist der Inbegriff von Dummheit und Arroganz.

KAPITEL V

Widerstandsfähigkeit

Eine stille Frau

Sie lebte am Fluss westlich des Highways. Ihr kleines Blockhaus war das erste des Ortes, der als Lowe Bent Creek Village bekannt wurde. Eigentlich stand es bereits, bevor der Transportweg durch das Reservat zu einer Schotterstraße und schließlich zu einem Highway wurde. Sie arbeitete zusammen mit ihrem Mann, um das Haus zu bauen. Er starb ein paar Jahre, nachdem es fertiggestellt war. Später erweiterte sie es selbst, ohne jemanden um Hilfe zu bitten. Das war ihre Art: Sie bat nie jemanden um Hilfe.

Selbst Menschen, die nicht mit ihr verwandt waren, nannten sie Grandma Red Leaf. Obwohl mehr oder weniger jeder wusste, dass sie mit Vornamen Molly hieß, lehnte sie diesen Namen ab, denn er war ihr von einem weißen Mann in der Agentur gegeben worden. Nach dem Tod ihres Vaters waren sie und ihre Schwester dorthin gegangen, um für das Land, das sie geerbt hatten, Papiere zu unterschreiben. Als Mädchen, und bevor die Weißen die Kontrolle übernahmen, hatte sie Flying High geheißen. Ihre Mutter hatte ihr den Namen gegeben, weil sie gern die Gänse beobachtete, die über sie hinwegflogen. Red Leaf war der Name ihres Mannes gewesen. Sie verstand nie, wie die Weißen Namen benutzten, ganz gleich, wie oft ihre Enkeltochter versuchte, es ihr zu erklären.

Soweit die Enkeltochter sagen konnte, war Grandma Red Leaf 1870 geboren worden. Sie war zwanzig Jahre Witwe, bevor sie 1951 starb, kurz nach dem Tod ihres zweiten Sohnes in Korea. (Er war Soldat gewesen und hatte auch im Zweiten Weltkrieg gekämpft.) Obwohl sie vier Jahre vor ihrem Tod blind geworden war, lebte sie weiterhin allein. Ihre Unabhängigkeit erstaunte alle. Sie konnte Feuer im Herd machen, und um Wasser zu holen, hatte sie sich einen Pfad zum Fluss geschaffen.

Meine Großeltern und ich lebten mehrere Meilen weiter westlich. Wir besuchten Grandma Leaf jedes Mal, wenn wir in die Stadt fuhren, also vom späten Frühling bis zum Spätherbst mindestens einmal im Monat. Sie freute sich immer, uns zu sehen. Manchmal blieben wir über Nacht, und meine Großmutter kochte einen großen Topf Suppe. Was übrig blieb, reichte Grandma Red Leaf noch tagelang. Im Herbst legten mein Großvater und andere Männer für sie einen Holzvorrat an, mit dem sie über den Winter kommen würde. Jahre später wurde mir klar, dass die Häuser in Lower Bent Creek zwar meilenweit voneinander entfernt standen, die Familien aber trotzdem eine Dorfgemeinschaft bildeten. Deshalb kümmerten sich auch alle um Grandma Red Leaf. Neben anderen hatten auch meine Großeltern sie eingeladen, bei ihnen zu leben. Aber sie sagte immer, sie könne ihre Erinnerungen nicht verlassen – die mit dem Ort verbundenen Erinnerungen an ihre Familie.

Zwei Dinge hatte die alte Frau an sich, die ich nie vergessen werde. Als ich sie mit ungefähr vier Jahren zum ersten Mal sah, war ihr Haar bereits schneeweiß. Sie trug es immer zu zwei Zöpfen geflochten, aber was ich faszinierend fand, waren die schmalen roten Wollstreifen, die sie sich manchmal in die Haare flocht. Dann ihre Hände. Jedes Mal, wenn wir zu Besuch kamen, bestand sie darauf, mein Gesicht zu berühren. Ich fragte meine Großmutter nach den roten Wollbändern in den Haaren. Sie erwiderte, ich solle Grandma Red

Leaf selbst danach fragen, doch über die Hände der alten Frau machte sie eine Bemerkung.

»Sie hat ihr Leben lang schwer gearbeitet«, sagte meine Großmutter. »Sie hat Holz geschleppt, Holz gehackt, genäht, gekocht und Tiere geschlachtet. Es gibt nichts, was sie nicht tun konnte. Besonders gut war sie im Beschneiden der Pferdehufe. Aber das ist nicht der einzige Grund dafür, dass sie starke Hände hat. Ihre Hände sind stark, weil ihr Geist stark ist. Grandma Red Leaf hatte ein sehr schweres Leben.«

Ich konnte nicht erkennen, ob das der Fall war. Vielleicht lag es daran, dass ich viel zu jung war, um die Dinge zu sehen, die alte Menschen sahen, und sie wussten mit Sicherheit mehr über die Vergangenheit als ich.

Bei einem Besuch brachte ich endlich den Mut auf, Grandma Red Leaf nach den roten Wollbändern zu fragen. Es war ein Sommertag, und wir saßen im Schatten einer kleinen Eiche.

»Komm her, Enkelsohn«, sagte sie. »Bring uns Kaffee, und ich will es dir sagen.«

Ihre Stimme war immer sanft und ein wenig rau. Ich brachte den Kaffee, einen Becher für sie und einen für mich, und stellte ihn auf einen gesägten Baumstumpf. Sie saß immer links neben einem Baumstumpf auf einem alten Stuhl, den ihr jemand geschenkt hatte.

»Als ich ein kleines Mädchen von sechs oder sieben Jahren war, lebte ich bei meiner Großmutter, so wie du«, begann sie. »Das war dort, wo die Weißen uns hingeschickt hatten, bevor sie uns hierher brachten. In einem Sommer verließen wir den Ort und gingen nach Norden zu Crazy Horse und seinen Leuten. Hast du schon mal von Crazy Horse gehört?«

Zu dieser Zeit hatte ich einige Geschichten über Crazy Horse gehört.

»Er war mit seinen Leuten im Gebiet des Powder River, weil er die Weißen nicht mochte. Er wollte nichts mit ihnen zu tun haben. Im Winter sagte man uns, dass er und Sitting Bull die Leute zusammenführen wollten. Darum sind wir in den Norden gegangen. Wir sind in Ash Creek zu ihnen gestoßen. Ich habe nie so viele Menschen auf einmal gesehen – zu viele, um sie zu zählen. Und es waren dort mehr Pferde als Menschen. Es gab einen Sonnentanz, dann sind wir nach Westen in ein großes, offenes Tal an einem Fluss mit Namen Greasy

Grass gezogen. Wir haben unseren Wigwam im nördlichen Teil des Dorfes aufgebaut. Meine Mutter, mein Vater, meine Großmutter und ich lebten zusammen in einem kleinen Wigwam. Er war aus dünner und geflickter Büffelhaut gemacht, aber er war unser Zuhause.

Am Morgen nach unserer Ankunft ging ich mit meiner Mutter und Großmutter zum Beerensammeln. Von dort, wo wir waren, konnten wir die Pferde sehen. Im Westen war das ganze Tal voll von ihnen. Als wir wieder in unserem Wigwam waren, fing meine Mutter an, die Beeren zu zerstampfen, und meine Großmutter und ich gingen zum Fluss. Wir suchten Minze, damit wir Tee machen konnten. Als wir auf dem Rückweg waren, fingen die Gewehre an zu feuern. Unsere Männer schrien, die Frauen riefen nach ihren Kindern. Alle rannten herum.

Anfangs wussten wir nicht, wer uns angriff. Dann sagte jemand, dass es die Langmesser waren. Zurück beim Wigwam sagte meine Mutter, dass mein Vater mit den anderen Männern gegangen war, um gegen die Langmesser zu kämpfen. Dann ging sie weg, um einer Frau bei der Suche nach ihren Kindern zu helfen.

Die Langmesser kämen von Süden, sagte jemand. Das Schießen kam immer näher, aber wir blieben in unserem Wigwam. Dann wurde der Lärm der Gewehre schwächer. Nach einer Weile kamen viele der Männer auf dem Rückweg durch die Siedlung, und die Gewehre begannen im Osten, auf der anderen Seite des Flusses, zu feuern. Man sagte uns, es seien viele Langmesser, aber sie wurden aufgehalten, bevor sie die Siedlung stürmen konnten. Jetzt befanden sie sich im Osten, am anderen Flussufer, und wurden nach Norden getrieben.

Die ganze Zeit über rannten die Leute umher. Wieder kamen Männer durch das Dorf. Wir hörten, dass einige der Verwundeten im südlichen Teil des Dorfes versorgt wurden. Meine Großmutter machte sich Sorgen um meinen Vater. Wir wussten nicht, wo er war. Plötzlich nahm mich meine Großmutter bei der Hand und wir gingen nach Osten in Richtung Fluss.

Eine Gruppe Männer und Jungen sagte uns, die Kämpfe bewegten sich inzwischen weg von uns nach Norden. Wir hörten immer noch den Lärm der Schüsse, aber wir gingen weiter und wateten durch den Fluss. Danach umrundeten wir ein paar niedrige Hügel und stiegen eine flache Anhöhe hinauf. Wir hörten die ganze Zeit Schüsse. Am

Ende der Anhöhe sahen wir unsere Männer über uns auf einem Höhenrücken im Osten. Sie verfolgten die Langmesser und trieben sie nach Norden. Manche schossen mit Gewehren, andere mit Pfeil und Bogen.

Wir blieben dort. Wir konnten nur zusehen. Dann fing meine Großmutter an zu singen. Sie sang Lieder vom starken Herzen, um unsere Männer anzufeuern. Ein paar unserer Männer kamen vom Fluss herauf oder ritten in unserer Nähe vorbei. Sie hörten meine Großmutter singen. Sie sang immer weiter.

Nach einer Weile wurde es ruhig. Keine Gewehrschüsse mehr. Wir sahen uns um, aber meinen Vater entdeckten wir nirgends. Ein Mann kam – ein Cheyenne, ein Dog Soldier –, dann einer unserer Crazy Dogs. Sie saßen beide ab und gaben meiner Großmutter ihre Leibbinden, die langen roten Leibbinden, die sie trugen. Die Dog Soldiers und Crazy Dogs waren sehr tapfere Krieger. Manchmal banden sie sich an einer Stelle fest und kämpften dort, bis sie entweder getötet wurden oder siegten.

Wir gingen zurück zum Dorf. Meine Mutter war da, mein Vater kam später. Am nächsten Tag wurde im Süden weitergekämpft. Man umzingelte einige Langmesser auf einem Hügel. Dann bauten alle das Lager ab und wir zogen nach Süden.

Meine Großmutter bewahrte die Leibbinden bei ihren Sachen auf. Eines Tages schnitt sie ein paar Streifen ab und gab sie mir. Wenn ich meine Großmutter vermisse, flechte ich sie mir in die Haare.«

Mein Großvater hatte von dieser Schlacht gesprochen, deshalb wusste ich einiges darüber. Der Kampf von Greasy Grass hieß sie bei unserem Volk. Andere nannten sie die Schlacht am Little Bighorn. Die roten Bänder habe ich das letzte Mal gesehen, als Grandma Red Leaf gestorben war. Meine Großmutter und viele andere Frauen bereiteten sie für das Begräbnis vor. Man legte sie in einen Holzsarg, den jemand von der Agentur gebracht hatte. Die roten Bänder flocht man in ihr Haar.

Als Grandma Red Leaf damals unter der Eiche ihre Geschichte beendet hatte, sang sie ein Lied vom starken Herzen – eines der Lieder, die ihre Großmutter an jenem Tag vor langer Zeit gesungen hatte. Ich denke bis heute jedes Mal an sie, wenn ich ein Lied zu Ehren von Kriegern höre.

Während der Totenwache kamen Leute von überall her, sogar einige Weiße. Die alten Leute standen da und sprachen über Grandma Red Leaf. Ich hätte mir nie vorstellen können, was ich zu hören bekam.

Ihr Vater hatte in der Schlacht am Little Bighorn gekämpft und nicht einmal einen Kratzer abbekommen. Im Dezember 1890 machte er sich auf die Suche nach einem Verwandten, der am Geistertanz im Bollwerk, einem Versteck in den Badlands, teilgenommen hatte. Irgendwie wurde er zusammen mit Big Foots Gruppe festgenommen und war gemeinsam mit ihnen in Wounded Knee Creek. Er gehörte zu den beinahe dreihundert Männern, Frauen und Kindern, die starben, als die Langmesser am 29. Dezember das Feuer eröffneten.

Die Mutter und Großmutter von Grandma Red Leaf waren an der Grippe erkrankt und gestorben; die Großmutter 1896 und die Mutter 1919. Grandma Red Leaf hatte im Jahr 1900 geheiratet und drei Kinder bekommen. Zwei von ihnen starben, eines als Säugling, das zweite, ein Sohn, fiel in Korea. Ihr Mann war 1940 gestorben.

Doch die Alten sprachen nicht nur über die Tragödien in Grandma Red Leafs Leben – einige weinten dabei sogar –, sondern auch davon, was für eine gute Frau sie gewesen war. Für alle war sie die Verkörperung von Stärke und Würde. Sie gab nichts und niemandem die Schuld an all den Härten, die sie erlebt und ertragen hatte. Stattdessen war sie immer dankbar für das Gute, das geschah, auch wenn es mir vorkam, als sei es mehr Schlechtes als Gutes gewesen.

Meine Großeltern sprachen oft von Grandma Red Leaf, doch sie benutzten diesen Namen nach ihrem Tod nie mehr. Sie nannten sie die Blinde oder die blinde alte Frau. Wann immer sie von ihr sprachen, geschah es mit offenkundigem Respekt und tiefer Zuneigung. Bei einem solchen Gespräch verglich mein Großvater die alte blinde Frau mit einem Bogen.

»Ein Bogen wird viele, viele Male gespannt, um Pfeile zu schießen«, sagte er. »Und jedes Mal wird er wieder zu dem, was er war, und ist bereit für den nächsten Pfeil. Ganz gleich, was der blinden alten Frau widerfahren ist, sie war immer dieselbe wie zuvor – eine starke und stille Frau.«

Ich kann nicht sagen, wie oft ich im Laufe der Jahre an Grandma Red Leaf gedacht habe. Jedes Mal erinnere ich mich dabei an die Metapher meines Großvaters. Ich habe mehrmals versucht, ein Wort zu finden, das die Essenz der alten Frau beschreibt, so wie meine Großeltern sie gesehen haben. Vor vielen Jahren habe ich es gefunden.

Das Wort ist *Resilienz.* Widerstandsfähigkeit.

Weitermachen

Eine erstaunliche Eigenschaft des Primitivbogens der Lakota ist seine Elastizität. Dafür gibt es mindestens drei Gründe: Einer ist das Holz, das der Bogenmacher ausgesucht hat, der zweite ist die einfache und wirkungsvolle Konstruktion und der dritte ist das Können des Bogenbauers.

Auch Menschen können elastisch werden, das heißt, unter Belastungen nicht brechen, denn uns werden Werte gelehrt, und wir entwickeln Eigenschaften, die uns das Potenzial dafür geben. Der »Bogenbauer« besteht aus mehreren Faktoren oder Kräften; die wichtigste ist unsere Erziehung. Die meisten Soziologen und Psychologen stimmen darin überein, dass ein großer Teil dessen, was wir einmal werden, in den ersten Lebensjahren geformt wird. Alles, was wir danach erleben und erfahren, formt uns weiter, so wie der Bogenbauer die Arme des Bogens formt, damit sie der Spannung beim Zurückziehen der Sehne standhalten. Der Bogen wird im Laufe seines Lebens viele Tausend Male gespannt und dabei jedes Mal bis an die Grenze seiner Belastbarkeit beansprucht. Wir werden im Leben ebenso auf die Probe gestellt wie der Bogen – wir werden von den Prüfungen und Beschwernissen belastet.

Das Leben ist hart. Das ist eine der wenigen Grundwahrheiten, die man uns lehren sollte, sobald wir unseren Verstand benutzen können. Das Leben ist nicht nur hart, oft genug ist es auch kompliziert.

Das Leben ist auch gut; allerdings ist »gut« nicht gleichzusetzen mit dem völligen Fehlen von Problemen, Enttäuschungen, großem Kummer, Leid und den anderen Dingen, die das Leben hart machen. Mit den guten Zeiten zurechtzukommen, wenn es keine Schwierigkeiten gibt, ist nicht schwer, ganz gleich, wie lang oder kurz sie sind. Mit schlechten Zeiten fertig zu werden, macht schon mehr Mühe. Ironischerweise hilft uns das Wissen, dass schwere Zeiten zum Leben dazugehören, ein ganzes Stück weit dabei, sie durchzustehen.

Es gibt keinen Zauberstab, der Schlechtes oder Schlimmes zum Verschwinden bringt. Doch ich glaube, es gibt etwas, das uns bei der Bewältigung von schweren Zeiten helfen kann. Alle meine vier Großeltern hatten eine Fähigkeit oder Eigenschaft, einen Charakterzug, der so wichtig war wie jeder andere: Widerstandskraft.

Mein Großvater väterlicherseits, Reverend Charles J. Marshall, starb Ende Dezember 1974. Er war vierzig Jahre lang wie sein Vater Joseph ein geweihter Diakon der Episkopalkirche. Grandpa Charles war ein großer, distinguierter Mann, eine imposante Erscheinung mit einer Baritonstimme, silberweißen Haaren und leuchtend blauen Augen. Sie waren ein Erbe seiner französischen Herkunft. (Im Ersten Weltkrieg wurde er als Soldat nach Frankreich geschickt und kämpfte in der Heimat seines Vaters.)

Ich habe viele lebendige Erinnerungen an Grandpa Charles. Er war ein begeisterter Angler und sehr sportlich: Mit fünfundfünfzig spielte er trotz seiner weißen Haare noch Basketball. Mein Vater, Joseph II., erbte dieses sportliche Talent. Ich leider nicht. Aber ich bin glücklich, dass ich ein klein wenig von der Widerstandskraft meines Großvaters habe.

Im Jahr 1972, mit fünfundachtzig Jahren, hatte er einen Schlaganfall, der eine körperliche Behinderung und eine leicht undeutliche Aussprache zur Folge hatte. Für einen Mann, der ein körperlich aktives Leben führte, und der ein überzeugender Redner war, muss das ein schwerer Schlag gewesen sein. Aber er stand immer noch aufrecht, auch wenn er beim Gehen etwas schlurfte und seine Worte sorgsam wählen musste. Falls er sich beklagte, so habe ich das nie mitbekommen. Nach dem Schlaganfall sah ich erst richtig, wie würdevoll er war. Er ließ nicht zu, dass schwierige Umstände seinen Willen und seinen Geist schwächten. Das schaffte erst ein zweiter, schwererer Schlaganfall.

Er und meine Großmutter Blanche hatten ein langes gemeinsames Leben. Sie überlebte ihn um zehn Jahre. Und die beiden erlebten durchaus schwierige Zeiten. Der erste Verlust war ihr ältester Sohn, der im Alter von drei Jahren starb. (Meine Großmutter war Witwe und hatte auch einen Sohn von ihrem ersten Ehemann, meinen Onkel Narcisse Brave.) Ihren dritten Sohn verloren sie im Juni 1945; es war der jüngere Bruder meines Vaters. Er hieß Melvin, und er fiel als 19-Jähriger im Zweiten Weltkrieg bei einer der letzten großen Infanterie-Operationen im Pazifik.

Ich verlebte die ersten zwei Jahre meiner Schulzeit bei meinen Großeltern väterlicherseits. Ich erinnere mich, dort an der Wand neben dem Tisch, den mein Großvater als Schreibtisch benutzte, eine Holzplakette gesehen zu haben. Erst Jahre später, als sie wieder in das Rosebud-Reservat gezogen waren, sah ich mir diese Medaille genauer an. Es war der Gold-Star-Orden, die an Onkel Melvins »bedingungslose Pflichterfüllung« erinnerte. Sie enthielt ein Faksimile von Präsident Harry S. Trumans Unterschrift.

Beide Großeltern erzählten mir mehrmals von meinem Onkel. Sie sprachen leise und nannten nie seinen Namen, sondern sagten immer: »dein Onkel, der gefallen ist«. Zu dieser Zeit waren zehn Jahre vergangen, seit sie ihn verloren hatten. Sie trauerten immer noch. Ich hörte das Leid in ihren Stimmen und sah es in ihren Gesichtern. Sie sprachen nicht über seinen Tod, sondern von seiner Kindheit und den Streichen, die er ihnen zusammen mit meinem Vater gespielt hatte. Obwohl sie sich an sein kurzes Leben bewusst mit Geschichten von guten Zeiten und Jugenderlebnissen erinnerten und manchmal dabei sogar lachten, wischte sich meine Großmutter mit dem Taschentuch jedes Mal ein paar Tränen ab. Mein Großvater beendete die Äußerungen über seinen jüngsten Sohn immer mit den Worten: »Er war ein braver Junge.«

Ich habe bei ihnen nie irgendwelche Bitterkeit gespürt. Sie waren einfach glücklich, ihn in ihrem Leben gehabt zu haben. Ähnlich sprachen sie auch von Irvin, ihrem ersten Sohn.

Ich kann mir nicht vorstellen, wie es ist, ein Kind zu verlieren. Eine meiner Schwestern und eine Cousine haben Kinder verloren. Der Tod von Kindern ist eine traurige Realität, doch Menschen, die diesen herzzerreißenden Verlust erlebt haben, ertragen ihn, so gut sie können. Das ist für mich Resilienz.

Das Leben lehrt uns Widerstandsfähigkeit. Wir belegen das Fach Resilienz, sobald wir geboren werden, denn das Leben ist hart. Manchmal legt es uns Umstände vor, bei denen zwei Entscheidungen möglich sind: damit fertig zu werden oder davonzulaufen. Eine andere meiner Cousinen und ihr Mann befanden sich in einer solch schwierigen Lage. Ihr einziger Sohn bekam zerebrospinale Meningitis, die ihn zum Invaliden machte und ihm den Gebrauch beider Beine nahm. Sie mussten nicht nur ihr Haus nach den Bedürfnissen ihres in jeder Beziehung abhängigen Sohnes umbauen, sondern sie mussten ihr ganzes Leben umstellen und seinen Bedürfnissen anpassen. Bis heute überlassen sie die Pflege nur gelegentlich einem außenstehenden Dritten. Ich bin sicher, sie haben sich von Zeit zu Zeit gefragt, warum das Leben ihnen diese Bürde aufgeladen hat. Aber ich bewundere die Hingabe, mit der sie sich ihrem Sohn widmen. Für mich sind sie die besten Beispiele von Elternliebe und Opfermut. Sie führen jedem, der es sehen will, die Bedeutung von Resilienz vor Augen.

Häufig muss man gar nicht über die Familie hinausgehen, um Beispiele für Menschen mit Charakter zu finden. Meine Tanten, die fünf Schwestern meines Vaters – Adelia, Marshall White, Opal Marshall Stars, Margaret Marshall Krieger, LaVera Marshall Bull Bear und Charlotte Marshall Weston – sind solche Beispiele. Sie sind zwischen knapp über siebzig und beinahe neunzig Jahre alt. Drei von ihnen sind Witwen, eine seit dreißig Jahren. Eine war mit vierundachtzig Jahren Beifahrerin in einem Autounfall, bei dem ihr Schwiegersohn ums Leben kam. Sie selbst erlitt schwere Verletzungen und musste monatelang physiotherapeutische Behandlungen über sich ergehen lassen, nur um wieder laufen zu können. Zwei ihrer

Schwestern hatten (oder haben) schwere gesundheitliche Probleme. Trotzdem sind sie alle der Inbegriff von Würde.

Im Jahr 2011 wurde meine Mutter, Hazel Two Hawk Marshall, dreiundachtzig Jahre alt, und es war zehn Jahre her, dass sie Witwe geworden war. Sie lebt in dem Haus, das sie mit meinem Vater teilte und in dem die meisten ihrer Kinder groß geworden sind. Sie hat in den vergangenen zehn Jahren schwere Zeiten erlebt, besonders in der zweiten Jahreshälfte 2010. Doch sie lebt wie ihre Schwestern von einem Tag auf den anderen, stellt sich allen Schwierigkeiten ruhig und würdevoll und genießt die guten Zeiten.

Abgesehen davon, dass meine Mutter und meine Tanten alle zu einer Familie gehören, haben sie etwas gemeinsam: einen tiefen unerschütterlichen Glauben an ihren Gott; die Art Glaube, der Berge versetzen kann. Sie zusammen zu sehen, gibt einem Kraft. Diese Augenblicke sind etwas Besonderes, denn ihre geistige Stärke und Widerstandsfähigkeit sind beinahe greifbar, so wie ein Nebel, in dem man baden möchte, um möglichst viel davon aufzunehmen.

Meine Tanten und meine Mutter wurden nicht so geboren. Das Leben hat sie diese Widerstandsfähigkeit gelehrt. Ich bin sicher, keine von ihnen hatte sich den Kummer, die Verluste und unzähligen Hindernisse gewünscht, vor denen sie standen und die sie ertragen mussten. Und sie haben auch nicht jede schwierige Situation gemeistert, nicht jeden Kampf gewonnen. Aber ohne jeden Zweifel haben sie sich jeder Situation gestellt und dagegen angekämpft und sich dabei auf die erworbenen Werte gestützt und auf den Charakter, den sie entwickelt hatten. Sie sind alle aus demselben Holz geschnitzt wie Grandma Red Leaf.

Jedes Mal, wenn ich über Resilienz nachdenke, stehen meine Großeltern im Mittelpunkt meiner Gedanken. Meine Großmutter mütterlicherseits wurde im Jahr 1900 geboren, die anderen alle davor. Ihre Generation gehörte ganz entscheidend mit zu den Menschen, die den Wechsel von einer Lebensweise zu einer völlig neuen vollzogen. Ihre Eltern waren in den 1860er-Jahren oder etwas später geboren, und sie hatten die Zeit vor den Reservaten noch selbst erlebt. (Ende 1877 wurden die Gruppen der Lakota in verschiedene Reservate im heutigen South Dakota umgesiedelt.)

Bei meinen Vorfahren auf der väterlichen Seite gibt es ein starkes französisches Element. Die Eltern beider Großeltern väterlicherseits waren mindestens in der zweiten Generation Franzosen. Der Mädchenname meiner Großmutter väterlicherseits war Roubideaux. Der französische Familienname meines Urgroßvaters wurde wahrscheinlich von Marichale oder Marechault (oder so ähnlich) zu Marshall anglisiert. Wie sein Bruder heiratete er eine Oglala-Lakota-Frau.

Meine Großeltern mütterlicherseits waren Sicangu Lakota. Ihre Eltern und Großeltern trugen Namen wie Zintka Cika (Kleiner Vogel), Wanbli Ho Waste (Adler Gute Stimme), Pejua To Win (Blaue Medizinfrau oder Frau mit der Blauen Medizin) und Situpi Ska (Weiße Schwanzfedern). Aber irgendwie taucht im Stammbaum meiner Großmutter mütterlicherseits auch der Name McLean auf. Molly McLean war meine Urgroßmutter mütterlicherseits, und sie heiratete Good Voice Eagle (Adler Gute Stimme), einen traditionellen Heiler oder Medizinmann. Er starb im Alter von neunundvierzig Jahren, und einige Zeit später heiratete meine Großmutter noch einmal – einen Mann, der Charles Lodgeskin hieß.

Ganz gleich, wer wir sind, die Familiengeschichte zu kennen bedeutet für jeden von uns, zumindest einen Teil der Geschichte einer bestimmten Gruppe Menschen, eines bestimmten Zeitraums oder einer bestimmten Region zu kennen. Wenn wir das Glück haben zu wissen, was für Menschen unsere Ahnen waren, dann wissen wir auch etwas über ihre Zeitgenossen, denn in ihrem Charakter und ihrem Wesen spiegelt sich die Gemeinschaft oder Gruppe, der sie angehörten.

Es wäre die Untertreibung des Jahrhunderts, wenn man sagen wollte, die Jahre zwischen 1890 und 1940, in denen sich die Lakota bemühten, sich auf das beengte und kontrollierte Leben in den Reservaten einzustellen, seien für sie eine merkwürdige und aufreibende Zeit gewesen. Meine Großeltern und Urgroßeltern steckten mittendrin, und dass ihre Generation mit einem intakten Gefühl ihrer Individualität daraus hervorging und ihre Kultur bewahrt hat, grenzt an ein Wunder. Sie schafften es individuell und als Gemeinschaft, weil sie zäh und widerstandsfähig waren.

Ich habe an einer anderen Stelle dieses Buches gesagt, dass die Generation meiner Urgroßeltern die schwierige Wende beendete, die ihre Eltern begonnen hatten – den Wechsel vom Nomadenleben in der Prärie zum sesshaften Leben im Reservat. Von ihnen wurde erwartet, eine Kultur aufzugeben und sich an eine andere zu assimilieren, als zögen sie ein Paar alte Schuhe aus und ein neues Paar an. Aber der Wechsel, den sie vollziehen mussten, war bei Weitem nicht so leicht.

Mein Großvater mütterlicherseits wurde zwei Jahre vor dem Massaker in Wounded Knee im Jahr 1890 geboren. Zwar waren seine Eltern nicht dort gewesen (sein biologischer Vater war inzwischen gestorben), doch sie wussten davon, denn die Nachricht verbreitete sich schnell. Einiges von dem, was mein Großvater über dieses tragische Ereignis wusste, hatte er von Leuten gehört, die im Dezember 1890 im Pine-Ridge-Reservat lebten. Wenn er über das Massaker sprach (was gar nicht so oft vorkam), bewunderte er den Mut und die Widerstandsfähigkeit der Menschen, die es erlebt hatten. Als ich ihn das letzte Mal darüber sprechen hörte, endete er mit einem Lied zu Ehren der getöteten Menschen. Er sang leise und benutzte seine hohlen Hände wie Trommeln. Es war das einzige Mal, dass ich ihn weinen sah.

Mein Großvater war für mich ein Fels in der Brandung. Dass er so ehrfürchtig von der Stärke seine Vorfahren sprach, sagt sehr viel über ihn aus. Er hatte das Gefühl, dass er sich mit den Menschen von früher nicht vergleichen konnte. Er blickte zu ihnen auf und respektierte sie, wofür sie standen und was sie getan hatten.

Den Geschichten, die er von seiner Mutter, seinem Vater und anderen erzählte, entnahm ich, dass mein Großvater Stärke und Widerstandskraft als wichtige Eigenschaften betrachtete. Laut ihm (und anderen seiner Zeitgenossen, einschließlich Verwandter und Freunde) ermöglichte es diese Kraft, schwierige, ja sogar schreckliche Geschehnisse oder Zeiten durchzustehen und irgendwie weiterzumachen.

Sein Bestes geben

Die Geschichte kennt unzählige Beispiele für die Widerstandsfähigkeit der menschlichen Rasse. Leider geht es bei den meisten üblicherweise darum, dass eine Gruppe einer anderen extreme Härten aufbürdet. Das »Schwarze Loch von Kalkutta«, der Todesmarsch von Bataan, die sibirischen Todeslager, der Lange Marsch der Navajo (Diné) und der Handel mit afrikanischen Sklaven sind Beispiele dafür, ebenso wie alle Fälle von Freiheitsberaubung, Zwangsprostitution und Menschenhandel. Dazu kommen Vergewaltigung, Mord, Drangsalierung, Entführung und Misshandlung. Es sind Gräuel, von denen wir nicht gerne lesen oder hören, obwohl wir heute beinahe in Echtzeit davon erfahren und die Meldungen häufig von grausamen Bildern begleitet sind. Solche Erlebnisse sind weit entfernt vom Alltag vieler, wenn nicht der meisten Menschen. Es erschüttert und entsetzt uns, dass Menschen so grausam und gefühllos sein können.

Doch die Grausamkeit gegenüber Mitmenschen ist nicht die einzige Ursache von Härten. Mitunter werden wir Opfer der eigenen Unvernunft oder der alltäglichen Belastungen, die sich häufen, oder wir haben einfach Pech.

Leider werden die Unmenschlichkeiten gegenüber anderen ebenso wenig von selbst verschwinden wie die Schwierigkeiten und Härten des Lebens. Wir Menschen neigen zu Arroganz, Ignoranz, Dummheit und Grausamkeit. Doch angesichts von Unmenschlichkeit und Härten können wir gemeinsam oder individuell der Situation durchaus auch gewachsen sein.

Alle meine Großeltern haben irgendwann deutlich gesagt: Wenn dir das Leben den allerschlimmsten Schlag versetzt, dann kannst du nur mit dem Besten darauf reagieren, was du in dir hast. Das war ihre Definition von Widerstandsfähigkeit.

Beispiele für Widerstandsfähigkeit lassen sich auch andernorts finden, etwa in dem Film *Der Unbeugsame* von 1967. Der Film ist zwar für die ironische Bemerkung bekannt: »Was wir hier haben, ist ein Kommunikationsproblem«, doch ich mag ihn aus einem anderen Grund. Der von Paul Newman gespielte Luke sucht die Anerkennung seiner Mitgefangenen und fordert den Anführer zum Boxkampf heraus. Er unterliegt zwar jedes Mal körperlich (um es freundlich auszudrücken), aber er gibt nicht auf. Er geht wieder und wieder zu Boden, doch sein Wille, es von Neuem zu versuchen, treibt ihn an. Er steht so lange wieder auf, bis er sich im wahrsten Sinne des Wortes nicht mehr rühren kann. Schließlich gewinnt er den Respekt seines Gegners und der Mithäftlinge – nicht weil er körperlich gewinnt, sondern weil er nicht aufgibt.

Meine Großeltern haben wie Luke nie aufgegeben. Sie definierten Widerstandskraft nicht nur mit Worten, sondern sie lebten sie.

Ich habe erlebt, wie mein Großvater väterlicherseits nach einem schweren Schlaganfall seine Würde bewahrte. Nur drei Monate später stellte sich mein Großvater mütterlicherseits in den letzten Wochen seines Lebens dem herannahenden Tod mit der gleichen Würde und geistigen Stärke.

Mein Großvater Charles Marshall war im Ersten Weltkrieg Infanteriesoldat und kämpfte 1918 in Frankreich. Er überlebte die Senfgas-Angriffe der Deutschen und einige der schlimmsten Grabenkämpfe. Mehrmals ging er nicht auf, sondern »über die Barrikaden«, das heißt, er und andere Soldaten (ganze Kompanien, Bataillone und Regimenter) stürmten aus den Gräben, oft direkt in das tödliche feindliche Feuer. Zu Hause arbeitete er zu einer Zeit, als die Arbeit in den Gruben höchst riskant war, in der Homestake Gold Mine in den Black Hills. Er und meine Großmutter besaßen ein paar Rinder und pflanzten Feldfrüchte, um die Ernährung ihrer wachsenden Familie zu sichern. Irgendwann folgte er dem Ruf ins geistliche Amt und arbeitete sich geduldig durch ein Fernstudium, um die nötigen Voraussetzungen zu erfüllen. Später erfuhr ich, dass er es mit einer der besten jemals vergebenen Noten (wenn nicht der besten überhaupt) abschloss.

Albert Two Hawk, mein Großvater mütterlicherseits, hatte seine eigenen Herausforderungen zu bestehen. Er war etwa acht Jahre alt, als sein leiblicher Vater starb. Er, seine Mutter und seine Schwestern mussten schwer um das Überleben kämpfen. Er übernahm die Verantwortung des Mannes in der Familie und stellte sicher, dass Mutter und Schwestern genug zu essen hatten, indem er alle möglichen Arbeiten erledigte und auf die Jagd ging. Ich erinnere mich undeutlich, dass er ein Blockhaus baute, als ich ein Vierjähriger war. Er hatte einen Teil der Bäume schon zwei Jahre zuvor gefällt und sie vom Fluss zu der drei Meilen entfernten Anhöhe geschleppt, die er und meine Großmutter als Platz für das Haus ausgewählt hatten. Für das Ziehen der Stämme benutzte er schwere Zugpferde. Dann entrindete er die Stämme und kerbte sie alle ein, damit sie an den Ecken richtig ineinander passten. Schließlich musste er die Stämme an den vorgesehenen Platz heben. Beim unteren Teil der Wände war das einfacher, wenn auch nicht leicht, als bei den Stämmen weiter oben. Stämme, die über einen Meter zwanzig und höher gehoben werden mussten, stellten die größte Herausforderung dar. Dafür baute er einen Dreifuß und setzte einen Flaschenzug und Pferdekraft ein. Das war alles Knochenarbeit.

Meine beiden Großmütter überlebten ihre Männer um mindestens neun Jahre. Sie erzählten mir Geschichten über meine Großväter. Die Geschichten waren für sie ein Weg, mit Einsamkeit und Trauer fertig zu werden. Schließlich sahen auch sie dem Tod mit Würde und ohne jede Angst entgegen.

Meine Großmütter waren Kunsthandwerkerinnen; zu ihren Fertigkeiten und ihrem Können gehörte kreatives künstlerisches Arbeiten. Sie hatten von ihren Müttern und Großmüttern gelernt, Perlenarbeiten herzustellen, eine logische Folge der Arbeit mit den Stacheln des Stachelschweins. *Quilling* (Quills wurden die Stacheln genannt) war sehr arbeitsintensiv; die Stacheln mussten beschafft, getrocknet und gefärbt werden. Erst dann wurden sie mit einer von mindestens siebzehn Applikationsmethoden auf Kleidung und Objekten angebracht. Von den Europäern eingetauschte Glasperlen ersetzten die Stacheln und waren bei den Frauen vieler Stämme sofort beliebt. Doch die Perlenarbeiten erforderten ebenso viel Können, Einsatz und einen Blick für Farben und Muster.

Grandma Blanche Marshall fertigte traditionelle Lakota-Mokassins und applizierte Perlen direkt auf Leder. Dazu mussten Löcher in das gegerbte Leder gestochen werden, bevor die Perlen auf Fäden aufgezogen und auf das Leder genäht wurden. Dieser Vorgang wiederholte sich bei jedem Mokassin Hunderte, wenn nicht Tausende Male.

Grandma Annie Two Hawk tat das Gleiche mit Gürteln und Ledertaschen. Doch ihre Spezialität waren Hüllen für Gebetbücher.

Ich habe schon berichtet, dass beide ihren Teil an Härten und Schwierigkeiten zu bewältigen hatten. Doch für mich gehören die Ausdauer und die Ruhe, mit der sie ihre Arbeiten verrichteten, zu den bleibenden Erinnerungen. Jede von ihnen fertigte wunderschöne Arbeiten, und viele davon sind inzwischen Erbstücke. Auch Ausdauer gehört zu ihrem Erbe. Durch die stille, durch nichts zu erschütternde geruhsame Art, mit der sie sich ihrer Arbeit widmeten, haben sie mir gezeigt, wie ich leben sollte. Sie haben mir gezeigt, was Widerstandsfähigkeit bedeutet.

Alle meine Großeltern verkörperten die besten menschlichen Qualitäten und Eigenschaften, darunter auch Widerstandsfähigkeit. Sie begegneten dem Schlimmsten, was das Leben ihnen antun konnte, mit dem Besten ihres Wesens. Ebenso wichtig ist, dass sie eine bedeutsame Tatsache im Hinblick auf Resilienz demonstrierten: sie ist ein stiller, anhaltender Vorgang. Während uns Härten, Schwierigkeiten und Katastrophen blitzschnell überfallen können, reagiert die Widerstandskraft subtil. Ihre Ergebnisse kommen nicht schlagartig zum Vorschein, sie zeigen sich nach und nach und in einzelnen Schritten.

Schließlich zogen meine Großeltern mütterlicherseits und ich von unserem Haus auf der Anhöhe in die Stadt. Die Pferde und das Fuhrwerk wurden verkauft, und wir mieteten in der Stadt ein kleines Haus. Von diesem Augenblick an war ich mit neuen und fremden Verhältnissen konfrontiert, etwa mit Nachbarn, die nur dreißig Meter anstatt drei Meilen entfernt lebten. Im Laufe der Zeit gewöhnten wir uns mehr oder weniger an das Stadtleben. Unser Transportmittel gab es nicht mehr, also gingen wir zu Fuß. Gehen war nichts Neues, allerdings war es jetzt die einzige Möglichkeit, irgendwohin zu gelangen.

In der Stadt lebten wir etwa siebeneinhalb Kilometer von der Kirche entfernt. Das war kein Grund, nicht den Gottesdienst zu besuchen, schon gar nicht bei gutem Wetter. Damals war meine Großmutter fünfundfünfzig und mein Großvater war siebenundsechzig Jahre alt. Sonntagmorgens standen wir früh auf, zogen uns an, frühstückten herzhaft und machten uns zu Fuß auf den Weg nach Süden. Wir gingen so früh los, damit wir auch dann rechtzeitig da sein würden, wenn wir den ganzen Weg zu Fuß zurücklegen mussten. Meistens wurden wir allerdings mitgenommen. Ein Mitglied der Gemeinde oder jemand, der in dieselbe Richtung fuhr, nahm uns mit. Eine Fahrgelegenheit nach Hause zu finden war nie ein Problem.

Ich erinnere mich nicht genau, wie oft wir den ganzen Weg zur Kirche zu Fuß zurücklegten – vielleicht ein Dutzend Mal. Für mich war diese Zeit und das Zu-Fuß-Gehen keine Härte. Es war einfach eine Art und Weise, wie meine Großeltern und ich die Dinge taten. Wenn ich als Erwachsener auf diese Zeit zurückblicke, wird mir klar, dass meine Großeltern hätten zu Hause bleiben und darüber klagen können, dass es keine Möglichkeit gab, zur Kirche zu gelangen. Stattdessen passten sie sich einfach der Lage an. Wir standen vor dieser Lage und gingen einen Schritt nach dem anderen zur Kirche.

Schlimmes mag uns in einem einzigen schrecklichen Augenblick überfallen. Schwierigkeiten und Härten kommen vielleicht überraschend und führen uns auf einen langen, mühsamen Weg. Doch Probleme finden auf die eine oder andere Weise ein Ende, und wenn wir Glück haben, kommen wir wieder auf die Beine, klopfen uns den Staub ab und gehen weiter. Wir gehen weiter, weil wir uns auf die Qualitäten und Seiten unseres Charakters verlassen, die genauso stark sind wie das, was die Härten verursacht hat. Selbst wenn man glaubt, dass einem die notwendigen Qualitäten und Charaktereigenschaften fehlen, so besitzt sie ein anderer, und er hat einem gezeigt, was zu tun ist. Die Beispiele finden sich überall um uns herum, manchmal sind sie näher, als wir glauben.

Alle meine Großeltern haben es gesagt und auf die eine oder andere Weise demonstriert: Wenn das Leben dir das Allerschlimmste antut, dann stell dich ihm mit dem Besten entgegen, was du in dir hast.

Anders geht es nicht im Leben.

KAPITEL VI

Die Träger der Steine

In einer längst vergangenen Zeit wanderten zwei Männer über eine weite Grasebene. Sie waren in einer Mission zu den Bergen weiter im Westen unterwegs. Eine Seherin ihres Dorfes hatte in einer Vision einen Berghang aus glänzendem schwarzem Stein gesehen. Dieser Stein sei aus Feuer geboren, hatte man ihr gesagt. Ein geschickter Mann könne daraus Messerklingen und Spitzen für Speere und Pfeile anfertigen. Und Klingen und Spitzen aus dem schwarzen Stein wären schärfer und daher tödlicher.

Die beiden Männer erreichten den Rand der Ebene – weiter westlich, als sie jemals gewesen waren. Eigentlich war noch niemand aus ihrem Stamm so weit gekommen. Die Stammesältesten hatten sie ausgewählt, weil sie wussten, die beiden besaßen den Mut, ins Unbekannte vorzudringen, und es ging um mehr als um glänzende Steine.

Die Menschen lebten seit Jahren in Frieden. Einige junge Männer waren unruhig und sehnten sich nach Aufregung und Abenteuern, doch viele waren zufrieden. Zwar war es notwendig, zu jagen, um die Familien zu ernähren, doch viele bezweifelten, dass es Krieger geben müsse. Sie waren der Meinung, es sei für den Stamm nicht lebenswichtig, dass jeder ein Kämpfer, ein Beschützer war. Die Stammesältesten berieten seit vielen Jahren darüber, was zu tun sei. Eines Tages hatte Shell, eine Seherin, eine Vision, die sie aus ihrer misslichen Lage befreien würde. Alles, was sie brauchten, waren zwei gute Männer.

Die Stammesältesten hatten Grass und Yellow Bow wegen ihrer Entschlossenheit gewählt. Keiner von beiden hatte sich je seiner Verantwortung entzogen. Die Ältesten wussten, das Pflichtgefühl der beiden würde auf die Probe gestellt werden. Schließlich schickten sie die Männer mit einer Aufgabe ins Ungewisse, an der sich noch niemand im Stamm versucht hatte. Und auf dem Weg warteten bekannte und unbekannte Gefahren und Feinde.

Grass war der ältere der beiden; er war verwitwet. Als junger Mann hatte er gegen die Feinde seines Volkes gekämpft, und er war bedächtig und umsichtig. Yellow Bow war jünger und noch unverheiratet. Er war stark und jung genug, um sich mit tollkühnem Mut in Abenteuer zu stürzen.

Sie stellten alles für die lange Reise zusammen und hielten dabei ein Gleichgewicht zwischen dem, was sie unbedingt brauchten, und dem, was sie bequem tragen konnten. Jeder hatte zwei Bogen in Hüllen, einen Köcher mit Pfeilen, einen kurzen Speer, eine lange geflochtene Lederschnur, einen Wassersack, einen Beutel für das Essen, Ersatzmokassins und zwei gegerbte, zusammengenähte Hirschhäute, die als Umhang und Schlafdecke dienten. Zusätzlich hatte jeder ein Messer und Feueranzünder bei sich. Alles andere würden sie finden oder herstellen.

Das anfängliche Gefühl von Erregung und Wagemut hielt die ersten zwei, drei Tage an. Doch schließlich stellte sich eine eintönige Routine ein. Aufwachen im Morgengrauen, gehen, aufmerksam bleiben und wachsam nach Gefahren Ausschau halten, hin und wieder ausruhen und vor Sonnenuntergang das Lager aufschlagen. Nach beinahe fünfzehn Tagen hatte Yellow Bow als Erster die Sohlen seiner Mokassins durchgelaufen. Es erschien ihnen als Zeichen für die Größe ihrer Aufgabe und der Härten, die sie vielleicht erwarteten.

Die Landschaft veränderte sich immer mehr, je weiter sie nach Westen vorstießen. Aus den niedrigen sanften Hügeln und Grasebenen der Heimat wurden felsige Buckel, spärlich mit Gras und anderen Pflanzen bewachsen, die sie noch nie gesehen hatten. Am Horizont im Westen ragte eine scheinbar endlose Bergkette mit hohen, schroffen und schneebedeckten Gipfeln auf, die sich von Süden nach Norden zog. Nach den Angaben der Seherin sollten sie den ersten Höhenzug überqueren und in ein weites trockenes Tal hinabsteigen. Der Berg aus schwarzem Stein war irgendwo in einer zweiten Bergkette. Doch die Seherin hatte in ihrer Vision auch ein seltsames Land gesehen, in dem die Erde wie Wasser kochte. In der Nähe war der glänzende schwarze Stein zu finden.

Grass hatte keine Mühe mit diesen Angaben. Die Seherin war alt und weise, und man durfte ihre Zukunftsvisionen nicht auf die leichte Schulter nehmen. Sie hatte sich noch nie geirrt. Yellow Bow gestand seinem Gefährten, dass es ihm schwerfiel, an kochendes Land zu glauben, ganz gleich, von wem eine solche Aussage stammte.

Ihre weitere Unterhaltung über solche fremdartigen Dinge wurde eines Tages von einem großen Bären unterbrochen. Er hatte ein rötlichbraunes Fell und einen Buckel zwischen den Schultern. Grass und Yellow Bow mussten einen weiten Bogen nach Norden machen, um ihm auszuweichen. Allerdings stellten sie fest, dass der Bär ihre Fährte aufgenommen hatte und ihnen folgte. Um ihn zu verwirren, trennten sie sich für einen halben Tag. Bei Sonnenuntergang trafen sie sich auf einem Felsrücken, den sie vorher aus der Ferne entdeckt hatten. Bald fanden sie einen Bach, in dem sie weitergingen, um keinen Geruch zu hinterlassen. Sie hielten erst spät in der Nacht an, und ihre Taktik hatte Erfolg.

Doch im Vergleich zu dem Gebirge, das vor ihnen aufragte, war ein Bär ein kleineres Problem. Aus der Ferne wirkten die Vorberge und Hänge dunkel und düster. Die schneebedeckten Gipfel glänzten dagegen hell in der Sonne. Die Seherin hatte ihnen gesagt, sie müssten den höchsten Gipfel finden, der von Wolken umgeben sei. Er sähe aus wie ein alter Mann, dessen weißes Haar im Winde wehte. Sie hatte recht. Nachdem sie einen weiteren Tag gewandert waren, sahen sie einen solchen Berggipfel.

Grass entschied, sie müssten sich ausruhen und bräuchten etwas zu essen. Auf einem Hügelkamm entdeckten sie eine dicht mit Bäumen bestandene Senke, und dort blieben sie. Die Bäume waren niedrige, vom häufig wehenden Wind verkrüppelte Kiefern. Die Hügelspitze bot einen weiten Blick über die Landschaft. Dort hielten sie Wache, während sie ihre Mokassins flickten. Am zweiten Tag entdeckte Yellow Bow einen Elch und verfolgte ihn. Abends kam er mit einer Hinterkeule über der Schulter zurück. Bei Tagesanbruch gingen er und Grass zu der Stelle, wo er die großen Stücke der zerlegten Beute so hoch wie möglich in einen Baum gehängt hatte. Auch dieser Abend war ein Fest, denn sie hatten seit beinahe einem Monat nicht mehr so gut gegessen.

Bei Tag nahm die Gebirgskette im Westen den ganzen Horizont ein. Weder Grass noch Yellow Bow hatten jemals so hohe Berge gesehen. Wenn die Sonne dahinter verschwand, wurde das Gebirge zu einem langen gezackten Schatten.

»Was glaubst du, wie lange werden wir brauchen, um hinüberzukommen?«, fragte Yellow Bow.

»Schwer zu sagen«, erwiderte Grass, der das Unbehagen des jungen Mannes spürte. Er wusste, es würde nicht zur Sprache kommen, doch es war da. Und schließlich hatte Grass ebenfalls überlegt, wie schwierig es sein würde, die Berge zu überqueren.

»Wir sind noch mitten im Sommer«, sagte er. »Wir haben Zeit. Wenn wir die Osthänge erreichen, werden wir sehen, wie das Gelände aussieht. Dann wissen wir vielleicht, wie lange es dauern wird, hinaufzusteigen und den Berg zu überqueren.«

Das erschien Yellow Bow vernünftig. Mit ihren Beuteln voll getrocknetem Elchfleisch machten sie sich am nächsten Tag im Morgengrauen wieder auf den Weg. Vier Tage später erreichten sie die Ausläufer der hohen Berge. Sie hatten keinen Namen dafür, denn außer der Seherin in ihrer Vision hatte niemand von ihrem Volk diese Berge je gesehen. Sie sagte, die Gipfel würden im Sonnenlicht glänzen. Also beschloss Grass, sie »Die Berge, die glänzen« zu nennen.

In den Vorbergen auf den Hängen gab es viel Wild. Überall waren Elche und Hirsche. Am ersten Abend sah Yellow Bow eine Ziege mit langen, gedrehten und nach hinten gebogenen Hörnern. Und er sah die Fußspuren mehrerer Menschen. Drei Tage lang stiegen sie die Hänge nach oben und blieben dabei in den tief eingeschnittenen Wasserrinnen, die von den Felskämmen nach unten führten. Nachts schlugen sie ihr Lager auf, ohne Feuer zu machen. Nach zwei weiteren Tagen erreichten sie einen engen Pass. Eine der seltsamen Ziegen mit den gedrehten Hörnern zeigte ihnen den Weg über den Berg.

Auf der anderen Seite angekommen, sahen sie, dass es sich um eine breite Bergkette handelte und dass es im Westen noch mehr Kämme gab. Der hohe, schneebedeckte Gipfel ragte wie ein Riese mit weißen Haaren im Süden auf. Dank der bewaldeten Hänge war es nicht schwierig, ungesehen zu bleiben. Sie hatten noch nie solche Wälder gesehen, die Bäume schienen kein Ende zu nehmen. Es war leicht, in Deckung zu bleiben, und sie kamen schnell voran.

Zwar konnten sie keinen geraden Weg nehmen, doch schließlich erreichten sie den Waldrand und stiegen in ein anderes weites Tal hinab. Die nächste Bergkette ragte wie eine niedrige dunkle Wolkenbank am Horizont auf. An diesem Abend lagerten sie unter einem kleinen Felsvorsprung in einem Bachbett und machten Feuer.

»Was ist, wenn wir den Berg aus schwarzem Stein nicht finden?«, fragte Yellow Bow, während er zusah, wie ein Kaninchen über den Flammen briet. Er hatte es mit einem Schuss erlegt, und es war ihm sogar gelungen, den Pfeil unbeschädigt aus dem toten Tier herauszuziehen. Man tat das, wann immer man konnte, denn Pfeile waren schwierig herzustellen. »Können wir sicher sein, dass es einen solchen Berg gibt?«

»Es gibt viele seltsame Dinge auf der Welt«, erwiderte Grass. »Als ich ein Junge war, habe ich Geschichten von kleinen Menschen gehört.«

»Kleine Menschen? Was meinst du damit?«, sagte der junge Mann spöttisch.

»Kleine Menschen. Keine Kinder. Erwachsene, aber klein. Mein Onkel war als junger Mann am Muddy River im Osten. Dort hat er in einem Dorf das Mädchen getroffen, das er zur Frau nahm. Eines Tages ging er mit ein paar Männern auf die Jagd, und sie brachten ihn an einen Ort, wo die kleinen Menschen lebten. Als ich noch jünger war, hat er mich mit dorthin genommen. Wir haben an einem Hügel den ganzen Tag gewartet. Und dann haben wir sie gesehen: kleine Menschen, angezogen wie wir und mit Haaren bis zum Boden.«

»Du hast sie gesehen?«

»Ich habe kleine Menschen gesehen. Wenn die Seherin also sagt, es gibt einen Berg aus schwarzem Stein, dann glaube ich ihr. Es wird nicht leicht sein, ihn zwischen all den Bergen dort drüben zu finden. Aber wir werden es versuchen. Außerdem haben wir den Ältesten versprochen, dass wir es versuchen, oder nicht?«

Yellow Bow nickte langsam. »Ich bin noch in keiner Richtung so weit von zu Hause weg gewesen«, sagte er. »Das allein ist schon etwas.«

»Das ist es«, stimmte Grass im zu. »Unsere Dörfer wären nicht in der Prärie, wenn unsere Großeltern nicht bereit gewesen wären, weiter als zum fernsten Ort zu gehen, an dem sie jemals gewesen waren, und den Muddy River zu überqueren. So ist das Leben. Man nimmt ein Risiko auf sich und geht über den fernsten Ort hinaus. Denk außerdem daran, was passieren wird, wenn wir mit den schwarzen Steinen zurückkommen«, sagte Grass. »Sie werden verlangen, dass wir die Geschichten von unserer Reise erzählen, bis wir alt und grau sind.«

Grass wies nach Westen, wo die nächste Kette dunkler Berge auf sie wartete. »So weit werden wir gehen, du und ich. Wenn Kinder unsere Geschichten hören, werden ein paar von ihnen in die untergehende Sonne blicken und sich fragen, was hinter dem entferntesten Ort liegt, an dem wir waren.«

Beim Durchqueren des weiten Tales hielten sie sich unterhalb der Kammlinien und nutzten, so oft sie konnten, die Deckung von Bach- und Flussbetten. Sechs Tage später erreichten sie wieder bewaldete Berghänge. Schwere Regenfälle zwangen sie mehrmals, unterwegs Unterschlupf zu suchen. Wenn es nicht regnete, wehte ein stetiger Wind.

Auf ihrem Weg durch den Wald in Richtung Nordwesten kamen sie langsam, aber zuverlässig voran. Mehr als einmal mussten sie Bären ausweichen. Im Tal hatten sie alte menschliche Fußspuren gesehen, doch in den Bergen entdeckten sie keine Anzeichen von Menschen. Am dritten Tag erreichten sie einen großen See mit eiskaltem Wasser und sahen darin Fische mit leuchtend bunten Schuppen von einer Art, die sie nicht kannten. Mit ihren Speeren konnten sie zwei große Fische töten. Nach einigem Suchen entschieden sie sich für eine enge Felsrinne und brieten ihren Fang. Der Fisch hatte einen guten Geschmack.

Grass war der Meinung, sie sollten sich ein gutes Versteck suchen und zwei Tage ausruhen. Danach wollte er die mächtigen Bergrücken durchstreifen, die den See umgaben, und sich umsehen. Yellow Bow war nicht sicher, ob das richtig war, aber er vertraute dem Urteil des älteren Mannes.

Als sie auf ihrem Weg um den See am Westufer angelangt waren, sahen sie etwas Unglaubliches. Aus der Erde schoss eine Wasserfontäne in die Luft, höher als der höchste Baum der Umgebung. Das wiederholte sich mehrmals, selbst als die Sonne untergegangen war. Sie konnten das Zischen und das Klatschen beim Zurückfallen des Wassers auf die nackte Erde hören. Beinahe ebenso seltsam war das Fehlen von Tieren. Kein Tier, nicht einmal ein Vogel, war in der Nähe.

Sie kletterten auf eine hohe Kiefer, um das erstaunliche Ereignis zu beobachten. Yellow Bow hatte jetzt schon weniger Zweifel an der Vision der Seherin. Die Erde kochte nicht, aber es war das Seltsamste, was er je im Leben gesehen hatte. Er hatte Angst, daran zu denken, was für eine Macht so etwas bewirken konnte.

»Wie geschieht das?«, fragte er Grass.

»Ich weiß nicht«, erwiderte Grass. »Hier ist eine Macht am Werk, die ich nie begreifen werde, und wir müssen sie respektieren. Es gibt einen Grund dafür, dass keine Tiere hier sind. Sie respektieren die Macht, und deshalb sollten wir nicht hierbleiben. Wir sind gekommen, um den schwarzen Stein zu finden. Ich weiß, er ist hier irgendwo.«

Im Westen des sprudelnden Wassers fanden sie genau das, was die Seherin ihnen vorhergesagt hatte: Die Erde kochte. In einem Tümpel schlug hellbrauner Schlamm Blasen, die platzten. Doch noch erstaunlicher war ein Wassertümpel. Grass war neugierig, denn er sah weder Fische noch Insekten, wie sie üblicherweise an der Oberfläche stehender Gewässer treiben. Das Wasser war sehr klar. Als er es mit der Handfläche berührte, stellte er fest, dass es auch heiß war.

Sie stiegen auf eine kahle Hügelkuppe und sahen sich um. Überall kochte die Erde, und es gab auch überall die Tümpel mit klarem, heißem Wasser. Es war beinahe nicht zu glauben. Doch eines war sicher: Irgendwo, vielleicht sogar ganz in der Nähe, war ein Berg aus glänzendem schwarzem Stein. Die alte Seherin hatte ihn wie die kochende Erde in ihrer Vision gesehen.

»Wie kann das sein?«, fragte Yellow Bow im Flüsterton. »Ich hätte nie gedacht, dass ich einmal so etwas sehen würde.«

»Das ist ein Ort der Macht«, erwiderte Grass. »Wenn wir lange genug bleiben würden, könnten wir es vielleicht begreifen. Aber wir sind aus einem anderen Grund hier.«

Sie verließen den Ort des kochenden Schlamms und schlugen in einem dichten Kiefern- und Espengehölz ihr Lager auf. Als die Sonne unterging, wurde es kühl zwischen den Bäumen. In der Hoffnung, dass keine anderen Menschen in der Gegend waren, machten sie Feuer. Es vertrieb nicht nur die Kühle, sondern war auch tröstlich und vertraut. Sie waren nicht nur weiter gereist, als es je ein Angehöriger ihres Volkes getan hatte, sondern sie hatten auch unglaubliche Dinge gesehen.

»Überall um uns herum gibt es Berge und Gebirgszüge«, sagte Yellow Bow. »Wo sollen wir anfangen zu suchen?«

»Wo wir wollen. Ich glaube, wir sollten nach Westen gehen, und von dort im Kreis nach Norden und Osten«, sagte Grass.

»Ich finde, wir sollten die Bogen gespannt halten«, sagte Yellow Bow. »Und einen Pfeil in der Hand haben.«

Grass nickte zustimmend. »Einen Pfeil in der Hand haben« bedeutete, ihn in derselben Hand zu tragen wie den Bogen. Ein guter Bogenschütze konnte den Pfeil so in der Zeitspanne eines Herzschlags auf die Sehne legen und abschicken.

»Ich glaube, wir sollten auf alles vorbereitet sein!«, fuhr der junge Mann fort. »Das hier ist gutes Land und ein schöner Anblick, aber wegen der Bäume ist es schwierig, weit zu sehen. Das macht mir Sorgen. Überall kann sich alles Mögliche verstecken, so wie wir es auch getan haben.«

»Ja«, sagte Grass. »Ich denke, es muss Menschen geben, die hier in den Bergen leben. Wenn es so ist, dann kennen sie diesen Ort und wissen von dem glänzenden schwarzen Stein. Falls sie uns sehen, werden sie uns als Feinde betrachten. Du hast recht, wir müssen auf alles vorbereitet sein.«

Sie nahmen sich die Zeit, ihre Waffen zu überprüfen, und suchten dann nach Orientierungspunkten, die sie sich einprägten. Grass zupfte eher beiläufig ein paar graue Blätter von einem niedrigen Strauch. Als er sie zwischen den Händen verrieb, verströmten sie einen angenehmen Duft. Es schien sich um eine Art Salbei zu handeln. Sie pflückten mehr davon und rieben sich damit ein, um den Menschengeruch zu überdecken – und sei es auch nur, um Bären zu verwirren. Dann begannen sie die Suche nach dem Berg aus schwarzem Stein.

Nach drei anstrengenden Tagen schlugen sie ihr Lager im Nordwesten des großen Sees auf. Sie hatten einen Bären, mehrere Hirsche und Elche gesehen, doch keinen Berg aus schwarzem Stein. Schutz fanden sie unter einem Felsvorsprung. Ein schwarzer Rauchfleck an der Decke verriet deutlich, dass vor ihnen jemand hier gewesen war. Die Nacht hindurch hielten sie abwechselnd Wache. Zwar war es ein guter Unterschlupf, doch sie beschlossen, ihn aufzugeben. Jemand kannte den Platz, und dieser Jemand würde früher oder später wiederkommen.

Sie kapitulierten vor einem hartnäckigen Nieselregen, der zwei Tage lang anhielt, und bauten ihren nächsten Unterstand. Dazu mussten sie ein Laubdach über eine enge Felsrinne legen. Doch es gelang ihnen, dem Ganzen das Aussehen eines Holzhaufens zu geben, der zufällig entstanden sein mochte. Trotz des Regens nahm das raue Krächzen der Raben den ganzen Tag kein Ende, und nachts heulten Kojoten und Wölfe. Die Stechmücken waren eine ständige Plage. Daneben war ein Chor anderer Tierlaute zu hören, manche nur hin und wieder, andere, wie das Pfeifen eines Elchbullen, immer wieder.

Als sich die Wolken verzogen, waren sie froh, sich wieder bewegen zu können. Sie ergänzten ihre Fleischvorräte mit einigen Kaninchen und einer Art Präriehuhn. Kleineres Wild war leichter und schneller zu erlegen. Ein Hirsch oder Elch lief mit einem Pfeil im Leib üblicherweise noch eine weite Strecke, und oft war es schwierig, das verendete Tier zu finden.

Inzwischen befanden sie sich im Nordwesten des tiefen, kalten Sees und hatten jeden Kamm, jede Felskuppe abgesucht. Sie waren vom ständigen Auf und Ab der Felshänge müde, und die Mokassins mussten

Abend für Abend ausgebessert werden. Das Dorf war nur noch eine ferne Erinnerung, und der Sommer neigte sich dem Ende zu.

Yellow Bow machte sich wegen des Wetters in der unvertrauten Umgebung Sorgen. »Wie lange wollen wir noch nach dem schwarzen Stein suchen?«, fragte er. »Vielleicht wird es hier früh Winter.«

»Das ist anzunehmen«, sagte Grass. »Ich denke, wenn wir den schwarzen Stein nicht gefunden haben, bis die ersten Blätter sich färben, sollten wir nach Hause gehen.«

Darauf einigten sie sich. Die Bahn der Sonne über den Himmel war niedriger als bei ihrem Aufbruch von zu Hause. Das bedeutete, der Herbst war nicht mehr fern. Sie spürten, dass der Winter in diesem Land so streng sein konnte wie in ihrer Heimat. Aber nicht nur das, wahrscheinlich würde er auch länger dauern. Keiner der beiden wollte einen ganzen Winter fern von zu Hause und der Familie verbringen.

Am nächsten Tag besserte sich die Lage. Yellow Bow fand frische Spuren von Menschen. Mehrere Personen hatten einen schmalen Bach überquert und im weichen Schlamm Fußabdrücke hinterlassen. Grass interessierte sich besonders dafür, weil die Spuren in beide Richtungen wiesen. Die Spuren in nördliche Richtung überdeckten die in südliche Richtung. Wer auch immer sie hinterlassen hatte, war gekommen und gegangen, und zwar erst vor Kurzem. Sie beschlossen, den Spuren nach Süden zu folgen.

Die Spuren führten sie durch Felsrinnen und Wald. Die Männer, von denen sie stammten, hatten darauf geachtet, nicht gesehen zu werden. Das bedeutete, sie waren vorsichtig.

Kurz vor Sonnenuntergang erreichten sie einen felsigen Nordwesthang. Die Spuren hatten dorthin geführt, doch auf dem Gestein waren sie nicht zu entdecken. Sie nutzten die verbliebene Helligkeit, fanden einen vom Sturm gefällten Baum und schlugen ihr Lager unter dem Gewirr der freiliegenden Wurzeln auf. Es war ein natürlicher Unterschlupf, der ihr kleines Feuer verbarg.

Als die Strahlen der untergehenden Sonne durch die Bäume stachen, entdeckte Yellow Bow mit seinen scharfen Augen an mehreren Stellen weit oben am Abhang einen Widerschein. Etwas glänzte wie Sonnenlicht auf dem Wasser.

»Sieh mal dort«, rief er Grass zu. »Was ist das?«

Ihre Neugier trieb sie den Hang hinauf; sie rannten, denn sie mussten sich beeilen, um die Stelle zu erreichen, bevor die Sonne untergegangen war und der Abhang im Dunkeln lag. Die Lichtpunkte kamen von einer steil aufragenden Felswand mit einer glatten, glänzenden Oberfläche.

Sie standen mehrere lange Augenblicke keuchend da und starrten auf die glänzende, dunkle Felswand.

»Großmutter Shell hatte recht«, sagte Yellow Bow ehrfürchtig. »Ich habe noch nie einen so glatten Stein gesehen.« Er strich behutsam mit der Hand über ein herausragendes Felsband.

»Morgen schlagen wir Stücke ab, die wir tragen können«, sagte Grass. »Heute Abend beten wir und bedanken uns.«

An Schlaf war in dieser Nacht kaum zu denken. Allen Widrigkeiten zum Trotz hatten sie den glänzenden, schwarzen Stein gefunden. Yellow Bow hatte kleine Stücke aufgelesen, die am Fuß der Felswand lagen. Sie hatten scharfe Kanten, die mühelos die weichen Lederfransen seines Hemdärmels durchtrennten.

Am nächsten Morgen schlug Grass mit der Sprosse eines Elchgeweihs Stücke des schwarzen Steins aus der Wand. Er arbeitete schnell, denn er machte sich Sorgen, es könnten jeden Augenblick Menschen auftauchen. Es gelang ihm, vier etwa faustgroße Stücke abzuschlagen. Die beiden stellten fest, dass der Stein sehr dunkel war, aber rote und schwarze Stellen hatte. Die dünnen Splitter, die sie am Fuß der Steilwand fanden, waren lichtdurchlässig.

Grass ließ als Opfergabe für die Steine, die sie dem Berg entnommen hatten, auf der Erde vor der Wand ein kleines Päckchen von rotem Weidentabak zurück. Beinahe widerstrebend nahmen sie Abschied. Um die Mittagszeit waren sie bereits weit entfernt von dem Berg mit dem glänzenden Stein. Sie hielten kurz an, um einen letzten Blick auf den kochenden Schlamm zu werfen. In der Ferne sahen sie den Wasserstrahl, der weit über die Bäume hinaus in die Luft schoss. Es waren Eindrücke, die sie für den Rest ihres Lebens nicht vergessen würden.

Da sie es für unwahrscheinlich hielten, dass sich andere Menschen in diesem Gebiet befanden, erlegten sie einen Elch, um ihre Nahrungsvorräte zu ergänzen. Sie folgten dem Tier den ganzen Tag und fanden es schließlich am Fuß eines Hügels. Allerdings konnten sie nur eine Keule und ein kleineres Rippenstück tragen. Doch sie nahmen die Haut mit. Die Wölfe, deren Spuren überall zu sehen waren, würden den Kadaver finden. Am Abend brieten sie das Rippenstück und aßen so viel, dass ihnen beinahe übel wurde. Am nächsten Tag schnitten sie das Fleisch der Keule in Streifen und trockneten es. Sie überprüften sorgfältig ihre Waffen und nahmen nötige Ausbesserungen vor.

Grass wusste, sie hatten sehr großes Glück gehabt. Ihre Fußsohlen waren wund, ihre Kleidung etwas abgerissen, doch sie hatten keine ernsten Verletzungen davongetragen und waren nicht krank geworden. Ihre Mission bestand nur noch darin, nach Hause zu kommen. Der Herbst hatte auf den Höhen Einzug gehalten. Yellow Bond wies auf die Blätter von Birken und Espen, die sich hier und da verfärbten. Als sie drei Tage später die letzten Gebirgsausläufer im Osten erreichten, begann es leicht zu schneien.

Der erste Schnee blieb nicht liegen, doch es dauerte bis zum Nachmittag, bis er geschmolzen war und sie ihren Weg fortsetzen konnten. Sie wollten keine Spuren hinterlassen. Bis zum Sonnenuntergang nutzten sie so oft sie konnten trockene Bachbetten, damit möglichst wenige Anzeichen ihre Anwesenheit verrieten. Nachts wurde es kalt, doch sie vermieden es, Feuer zu machen. Im offenen Land war selbst ein kleines offenes Feuer weithin sichtbar.

Sie nahmen denselben Weg durch »Die Berge, die glänzen«, den sie gekommen waren, und hielten sich nördlich des wolkenverhangenen Gipfels. Die Prärie, die sie nach ihrem Abstieg erreichten, war ein willkommener Anblick. Nachdem die Gebirgsausläufer im Westen einen Tagesmarsch hinter ihnen lagen, machten sie Rast. Sie fertigten neue Mokassins an und bearbeiteten die Elchhaut. Grass suchte am Ufer eines schmalen Bachs nach Minze. Die leichte Brise trug ihnen den verlockenden Duft zu, und er folgte ihm. Yellow Bows Aufmerksamkeit richtete sich ganz auf seine Aufgabe, mit dem Messer die Innenseite der Elchhaut sauber zu schaben. Er ahnte nichts von der Gefahr, bis er ein leises »Wuff« hörte.

Als er sich umdrehte, sah er nur ein großes, dunkles Etwas, das ihm einen Stoß versetzte, der ihn rückwärts auf die Erde warf. Der junge Mann stach instinktiv mit seinem Messer zu, und diese Reaktion rettete ihn.

Der Vielfraß hatte mit seinen Zähnen Yellow Bows linke Schulter aufgerissen, doch auch das Messer zeigte Wirkung. Es drang am Schulteransatz in den Hals des Tieres ein und schlitzte eine große Ader auf. Doch das Tier wurde dadurch nicht langsamer. Vielfraße waren bei Mensch und Tier aus zwei Gründen gefürchtet: Sie waren bösartig, und man konnte nur gegen sie gewinnen, indem man sie tötete.

Der dunkelbraune Vielfraß griff von Neuem an, obwohl ihm das Blut aus dem Hals spritzte. Yellow Bow duckte sich und rollte zur Seite. Dadurch wurde das Tier vom eigenen Schwung über ihn hinweggetragen. Doch noch im Sterben drehte es sich sofort wieder um. Yellow Bow musste nicht hinsehen, um zu wissen, dass sein Bogen, die Pfeile und der Speer außer Reichweite lagen. Er kam mit einiger Mühe wieder auf die Beine und machte sich bereit für den nächsten Angriff, der, wie er wusste, kommen würde. Er achtete nicht auf die schrecklich schmerzende Schulter und das Blut, das ihm über den Arm lief.

Innerlich fast unbeteiligt sah er, wie ein Pfeil in die Seite des Tieres eindrang und im nächsten Augenblick noch einer. Der Vielfraß wandte sich knurrend dem neuen Angreifer zu und setzte zum Sprung an. Doch die Beine gaben unter ihm nach, und er fiel zu Boden. Grass erschien mit dem Speer in der Hand in Yellow Bows Blickfeld und stach dem immer noch knurrenden Vielfraß ins Herz. Gleich darauf verstummte dieser.

Bei Sonnenuntergang hatte Grass einen Unterstand am Ufer eines ausgetrockneten Flusses errichtet, so weit von dem toten Vielfraß entfernt wie möglich. Er hatte eine Vertiefung in das Ufer gegraben und die Elchhaut als provisorische Abdeckung verwendet, auf die er Gestrüpp häufte.

Die Wunde an Yellow Bows Schulte war lang und tief. Grass säuberte sie, so gut er konnte, aber er wusste aus Erfahrung, dass Wunden manchmal eiterten, besonders die Bisswunden von Tieren.

»Danke, dass du mein Leben gerettet hast, Onkel«, sagte Yellow Bow und benutzte dabei die Anrede für einen Mann, den man ehren will, der aber für einen Großvater noch nicht alt genug ist. »Ich habe das Ding erst gesehen, als es angegriffen hat.«

»Ich bin froh, dass ich auf dem Weg zurück ins Lager war«, sagte Grass. »Und zum Glück war es eine große und leichte Zielscheibe.«

»Morgen kann ich wieder laufen«, sagte der jüngere Mann tapfer. »Wir müssen dem kalten Wetter vorausbleiben.«

Grass schüttelte den Kopf. »Ich habe ein Päckchen rote Weidenrinde dabei«, sagte er. »Davon mache ich dir heute Abend einen Umschlag, und wenn er verhindert, dass die Wunde eitert, dann gehen wir weiter.«

Pochende Schmerzen hielten Yellow Bow vom Schlafen ab. Am nächsten Morgen stellte Grass fest, dass der Umschlag nicht die nötige Wirkung gehabt hatte. Verdächtige rote Flecken umgaben die Wunde. Grass vermutete, dass die Menge der Weidenrinde nicht ausgereicht hatte, um alle Verunreinigungen aus der Wunde zu ziehen. Und das Gesicht des jungen Mannes war heiß, als er es berührte. Fieber so kurz nach Entstehen der Wunde war kein gutes Zeichen. »Mein Freund«, sagte Grass. »Folgendes muss geschehen: Ich brauche mehr Weidenrinde. Das hier ist nicht unser Land, deshalb weiß ich nicht, wo ich sie finde, außer, dass ich an einem größeren Gewässer suchen muss als dem Bach da hinten. Es wird eine Weile dauern.«

Yellow Bow lächelte matt. »Ich werde warten.«

»Ich werde den Unterstand mit Gestrüpp abdecken, um ihn zu verbergen«, beruhigte Grass seinen verletzten Gefährten. Du kannst dich auch mit meinem Umhang zudecken, damit du kein Feuer brauchst. Behalte deinen Speer nahe bei dir.«

Grass machte sich ungern auf den Weg, nachdem er getan hatte, was er konnte, um den Unterstand zu verbergen, sodass er jetzt einem großen Haufen Gestrüpp glich. Nach einem letzten Blick zurück ging er um eine Biegung des trockenen Bachbetts in Richtung Norden davon. Er erinnerte sich an einen kleinen Fluss, der aus den Vorbergen kam, und er war sicher, dass sich die Weiden südlich davon befanden. Grass ging in einem leichten Trott. In einer Hand hielt er den gespannten Bogen und einen Pfeil, in der anderen den Speer. Sonst trug er außer einem Wasserbeutel, seinem Messer und einer Leine nichts bei sich.

Immer wieder blieb er stehen und blickte den Weg zurück, den er gekommen war. Er wollte ihn sich einprägen, damit er nötigenfalls im Dunkeln zu Yellow Bow zurückfinden würde. Die Sonne stand in der westlichen Hälfte des Himmels, als er einen Bach erreichte – einen kalten, schnell fließenden Bach, der aus einem dichten Wald kam. Grass wandte sich bachabwärts. Niedrige Gehölze wie Weide würde er eher im offenen Gelände finden. Er besaß schon lange nicht mehr die Ausdauer der Jugend, doch er kam zügig voran. Am späten Nachmittag wurde seine Beharrlichkeit endlich belohnt. Er fand am Bachufer ein Dickicht aus Rotweiden.

Normalerweise hätte er sich die Zeit genommen und die Rinde abgeschält, doch je früher er wieder im Lager war, desto eher konnte er Yellow Bow einen neuen Umschlag auflegen. Deshalb schnitt er einige Zweige ab und band sie zusammen. Er würde sie im Lager entrinden. Er sah sich aufmerksam um, bis er sicher war, dass sich in der Umgebung nichts und niemand aufhielt, und machte sich dann auf den Rückweg.

Er war noch unterwegs, als die Dämmerung anbrach. Er schreckte einen jungen Kojoten auf und hörte, wie das Tier im Gestrüpp verschwand. Auf den Hügeln in der Ferne heulte erst ein Wolf, dann noch einer. Vielleicht redeten sie über ihn, dachte er. Grass musste häufiger stehen bleiben, um Atem zu schöpfen und auszuruhen. Zum Glück erkannte er eine Sandsteinformation wieder und bog nach Süden ab. Der Mond ging auf und zeigte ihm den ausgetrockneten Bachlauf.

Yellow Bow war wach und erleichtert, als er seinen Gefährten sah. Grass entfernte rasch die äußere Rinde der Zweige; er brauchte die innere Schicht. Als er fertig war, lag ein Häufchen rote Rinde vor ihm. Er hoffte, dass sie ausreichen würde. Jetzt musste er heißes Wasser haben. Das bedeutete ein Feuer.

»Ich werde Feuer machen«, sagte er zu Yellow Bow. »Der Unterstand ist gut abgedeckt.«

»Warte, bis es Tag ist«, sagte der junge Mann.

»Nein, deine Wunde eitert weiter. Ich muss das Gift jetzt herausziehen, sonst ist es zu spät.«

Grass hatte unterwegs angehalten und eine Handvoll kleiner Steine gesammelt, weil er wusste, er würde Wasser kochen müssen. Holz gab es genug. Nachdem das Feuer brannte, holte er seinen Becher aus Bisonhorn aus dem Köcher. Als die Holzkohle unter dem Feuer zu glühen begann, legte er die Steine darauf.

Yellow Bow sah zu; seine Lippen waren vor Schmerz zusammengepresst. Von dem trockenen Holz stieg nur wenig Rauch auf, doch er brannte in seinen Augen.

Nach einer Weile glühten die kleinen Steine. Bevor sie barsten, nahm Grass sie mit einem gegabelten Stock auf und ließ sie in das Wasser im Bisonhornbecher fallen. Als er entschied, das Wasser sei heiß genug, stopfte er so viel rote Weidenrinde in den Becher, wie er nur konnte.

Er band den Umschlag um Yellow Bows Schulter. Danach schlief er ein.

Grau und kalt brach der Morgen an. Sobald es hell genug war, sah Grass sich die Wunde an. Die hochrote Schwellung war zum großen Teil zurückgegangen. Er machte einen weiteren Umschlag, und gegen Mittag sagte Yellow Bow, die Schmerzen ließen nach.

Zwei Tage lang hingen niedrige Wolken am Himmel und verstreuten ein paar Schneeflocken. Grass verbesserte den Unterstand und unterhielt ein kleines Feuer. Wenn es abends dämmerte, ließen sie es niederbrennen, doch das Holz glühte noch bis in die Nacht. Das reichte aus, um die Kälte abzuhalten, aber warm wurde es davon nicht. Grass verwendete den Rest der Weidenrinde für eine letzte Wundpackung. Yellow Bow war unruhig und wollte nach Hause. Grass hielt auf einem nahen Hügel Wache, und Yellow Bow saß vor dem Unterstand.

Als sie sich an diesem Abend behaglich im Unterstand niedergelassen hatten, unterhielten sie sich.

»Was haben wir bewiesen?«, fragte Yellow Bow. »Wir waren in einem fremden Land und sind mehr als sechzig Tage gelaufen. Wozu? Für ein paar glänzende Steine, die eine alte Frau im Traum gesehen hat?«

Es überraschte Grass, dass der junge Mann so missmutig war, aber das kam vielleicht von dem Vorfall mit dem Vielfraß. »Die Ältesten haben uns gefragt, und wir haben beide zugestimmt«, erinnerte er seinen Gefährten. »Ich werde wahrscheinlich nie mehr so etwas

Schwieriges tun. Es war nicht leicht, aber ich bin froh, dass ich die Reise unternommen habe.«

»Wir sind immer noch weit weg von zu Hause«, erwiderte Yellow Bow. »Bis hierher haben wir dreißig Tage gebraucht.«

»Wie du über die Reise denkst, ist deine Sache«, sagte Grass nachsichtig. »Für mich hat sie den Blick auf mein Leben verändert. Sie hat mir gezeigt, dass ich stärker und widerstandsfähiger bin, als ich dachte. Ich bin weiter gereist, als ich jemals geglaubt habe. Wenn du darüber nachdenkst, wirst du es vielleicht auch so sehen. Vielleicht haben wir bewiesen, dass jeder in der Lage ist, weiter zu gehen, als er glaubt.«

»Du hast mir das Leben gerettet. Das werde ich nie vergessen«, sagte Yellow Bow. »Und ich werde nie das Wasser vergessen, das aus der Erde herausschießt oder den kochenden Schlamm. Wir sind die Ersten aus unserem Volk, die solche Dinge gesehen haben.«

»Diese seltsamen und wunderbaren Dinge, diese geheimnisvollen Dinge werden immer Teil deines Lebens sein«, erklärte Grass. »Das kann dir niemand nehmen.«

Nachdem er sich noch zwei Tage ausgeruht hatte, war Yellow Bow nicht mehr blass, und Grass entschied, er sei stark genug, um die Reise fortzusetzen. Wegen der tiefen Schulterwunde konnte er den linken Arm allerdings nicht gebrauchen. Grass machte eine Schlinge, um den Arm ruhig zu halten, damit die Wunde nicht blutete. Trotz der Beschwerden bestand Yellow Bow hartnäckig darauf, seinen Teil der Last zu tragen. Sie verließen den behaglichen Unterstand und richteten ihre Schritte unter dem klaren Himmel nach Osten, in Richtung Heimat.

Als sie das Dorf verließen, hatten sie die Schwarzen Berge am westlichen Ende ihres Gebietes gemieden. Der Weg durch die Berge hätte sie aufgehalten, und aus diesem Grund beschlossen die beiden, sie auch diesmal südlich zu umgehen. Doch ihr Anblick in der Ferne bedeutete, dass sie zu Hause waren.

Die Schwarzen Berge trugen ihren Namen, weil ihre kiefernbestandenen Hänge aus der Ferne schwarz wirkten. Für die Menschen waren sie ein heiliger Ort, den eine andere Seherin vor langer Zeit in einer Vision gesehen hatte.

Im Osten der Schwarzen Berge endete die Reise nach beinahe vier Monaten voller Härten, Eintönigkeit und Aufregungen beinahe tragisch. Verhindert wurde das durch einen einzigen Pfeil.

Grass und Yellow Bow sehnten sich nach frischem Fleisch und hatten beschlossen, einen Tag zu rasten. Sie legten Schlingen aus und hofften, Kaninchen zu fangen. Am späten Nachmittag gingen sie die Schlingen ab, Grass in der einen Richtung, Yellow Bow in der anderen. In einer der Schlingen hatte sich ein Kaninchen gefangen. Grass nahm es heraus und ging mit dem toten Tier und der Schlinge im Bachlauf zurück zum Lager. Hinter einer Biegung fand er sich plötzlich einem etwa zehn Schritte entfernten Schwarzbären gegenüber.

Schwarzbären sind kleiner als Braunbären, aber nicht weniger aggressiv. Es war ein junges, mächtiges Männchen in bester körperlicher Verfassung. Es war größer als Grass, als es sich auf die Hinterbeine aufrichtete. Grass vermutete, der Bär hätte das frische Kaninchen gerochen und warf das tote Tier behutsam vor dem Bären auf die Erde. Doch der Bär interessierte sich nicht dafür. Seine kleinen dunklen Augen blieben unverwandt auf Grass gerichtet.

Grass konnte nicht flüchten. Der nächste Baum war zu weit entfernt. Außerdem sind Bären schneller als Menschen. Grass hatte seinen Bogen nicht gespannt und war ohne den Speer losgegangen. Er wusste, jedes Anzeichen von Rückzug, ein Schritt rückwärts, würde den Bären wahrscheinlich zum Angriff veranlassen. Grass wartete und hoffte, der Bär werde das Interesse verlieren und weiterziehen.

Doch das geschah nicht. Der Bär ließ sich auf alle Viere nieder und kam langsam auf Grass zu – ein sicheres Zeichen dafür, dass er angreifen würde. Ein weiteres Zeichen war, dass er Grass nicht aus den Augen ließ. Als er bis auf vier Schritte herangekommen war, hielt er an und sog mit zitternder schwarzer Nase die Gerüche und Düfte ein, die ihn umgaben. Dann verharrte er völlig regungslos. Grass griff nach seinem Messer; er hatte beschlossen, nicht kampflos unterzugehen.

Er hörte ein leises Zischen, ein vertrautes Geräusch, dann brüllte der Bär vor Zorn und Schmerz auf und sprang in die Luft. Grass machte instinktiv einen Satz zur Seite und spürte eine Hand auf seinem Arm. Es war Yellow Bow.

Sie suchten Schutz hinter einem Büffelbeerenbusch und beobachten das Geschehen. Der Bär hieb mit den Tatzen in sein Gesicht, während er sich taumelnd um sich selbst drehte. Er stürzte, richtete sich auf, vollführte von Neuem seinen verrückten Tanz und brüllte dabei vor Zorn. Grass war im ersten Augenblick verwirrt, dann sah er, was ihm das Leben gerettet hatte. Im Bärenkopf steckte ein Pfeil; er war in ein Auge gedrungen und aus dem anderen wieder herausgekommen. Yellow Bows Pfeil hatte das Tier blind gemacht und trieb es zur Raserei. Doch Yellow Bow hatte für seinen bewundernswerten Schuss einen hohen Preis bezahlt: Die Wunde an seiner linken Schulter blutete wieder.

Grass pflückte eilig von dem üppig wachsenden Präriesalbei und band ein dickes Büschel davon fest auf die Wunde. Der Bär hörte nicht auf zu heulen und zu brüllen und zerfleischte sich bei dem Versuch, sich von der Ursache seiner Schmerzen zu befreien, das Gesicht. Er drehte sich nicht länger um sich selbst, sondern stand auf allen Vieren und bewegte den Kopf hin und her.

»Wir müssen ihn töten«, sagte Grass.

»Geh nah an ihn heran«, riet ihm Yellow Bow. »So nah, dass du ihm ins Herz schießen kannst.«

Und so befreite Grass den Bär von seinen Qualen.

Zehn Tage später fanden sie ihr Dorf. Der Stamm war als Vorbereitung auf die Herbstjagd in ein enges, dicht mit riesigen Pappeln bestandenes Tal gezogen. Alle staunten, dass die beiden Reisenden lebend zurückgekehrt waren.

Einige Einzelheiten ihrer Reise mussten nicht in Worte gefasst werden. Sie waren für alle zu sehen: Yellow Bows Wunde, eine neue Art Bergsalbei, den Grass gepflückt hatte, ihre zerrissene, zerlumpte Kleidung, die hageren Gesichter und mageren Körper, eine frische Bärenhaut mitsamt Kopf und einem Pfeil, der durch beide Augen gedrungen war, und natürlich vier glänzende schwarze Steine.

Wie Grass vorausgesagt hatte, mussten sie ihre Geschichte immer und immer wieder erzählen. Shell, die alte Seherin und Medizinfrau, heilte Yellow Bows Wunde. Grass übergab ihr den Salbei, den er in den Bergen gepflückt hatte.

Nachdem bei den ersten Herbstjagden zwei Bisons erlegt worden waren, feierte und ehrte man die beiden Reisenden. Sie waren mehr als hundert Tage weg gewesen.

Für einen der Steine stellte man ein besonderes Behältnis her, und er fand seinen Platz im Ratswigwam, wo jeder ihn sehen und berühren konnte. Die Stammesältesten entschieden, dass aus den anderen drei Steinen Spitzen für Speere und Pfeile hergestellt werden sollten. Die geschicktesten Männer machten sich an die Arbeit. Sie fertigten zwei besondere, verzierte Speere mit Spitzen aus dem schwarzen Stein an, und man übergab sie Grass und Yellow Bow. Weitere Speerspitzen und Pfeilspitzen wurden unter den Jägern verteilt. Ein Pfeil mit einer schwarzen Steinspitze wurde zum Symbol einer neuen Kriegergemeinschaft – die Steinträger. Ihre ersten beiden Mitglieder waren Grass und Yellow Bow.

Die Bedingungen für die Aufnahme in die Gemeinschaft der Steinträger waren einfach und erforderten großen Mut: Der Bewerber musste die Reise unternehmen und mit einem schwarzen Stein zurückkommen. Die Ältesten kündigten an, wenn sich jemand fand, der mutig genug war, würden Grass und Yellow Bow in zwei Jahren zwei junge Männer auswählen, die die Reise unternehmen sollten.

Am Ende des nächsten Sommers stellten die Frauen einen neuen Wigwam für die Gemeinschaft der Steinträger auf. Unter den ersten Dingen, die dort ihren Platz fanden, war die gegerbte Haut eines schwarzen Bären, durch dessen Augenhöhlen ein Pfeil gedrungen war. Auf der Haut hing ein neuer Pfeil mit einer glänzenden schwarzen Steinspitze.

Grass und Yellow Bow waren die einzigen Männer, die sich das Recht verdient hatten, im Wigwam zu sitzen. Sonst betraten ihn nur die Frauen, die ihn auf- und abbauten und ihn sauber hielten – die Schwester von Grass, die Mutter von Bow und ihre Helferinnen. Nicht einmal den Stammesältesten oder Shell war der Zutritt gestattet. Es sollten vier Jahre vergehen, bis das erste neue Mitglied aufgenommen wurde. Im Laufe der Zeit saßen noch andere mit Grass und Yellow Bow beisammen, aber nie mehr als acht auf einmal.

Die ersten beiden Mitglieder der Gemeinschaft der Steinträger waren nicht nur für ihr ruhiges Wesen, sondern auch für ihren Mut bekannt. Sie blieben ihr Leben lang Freunde, bis Yellow Bow als Führer eines Kriegertrupps in einer Schlacht gegen einen zahlenmäßig weit überlegenen, hartnäckigen Gegner aus dem Süden fiel. Die Reise, die Grass mit beinahe sechzig Jahren unternahm, um die Leiche seines Freundes heimzuholen, wurde fast so legendär wie ihre Suche nach dem Berg aus schwarzem Stein.

Shells Vision hatte sich bewahrheitet, doch selbst sie hatte nicht vorhersehen können, was sie in Gang gesetzt hatte. Die Reise von Grass und Yellow Bow war, wie sie und die Ältesten gehofft hatten, tatsächlich ein Ansporn für junge Männer, zum Wohl des Stammes den Weg des Kriegers zu wählen. Von dieser Zeit an folgte jeder Mann dem Ruf, sowohl Beschützer als auch Ernährer zu sein. Schließlich bildete sich eine neue Art Krieger heraus, der sich allein in ferne Gebiete, oft bis zum Wigwam des Feindes wagte: der Späher.

Und immer betrieben die Späher ein seltsames kleines Ritual, dessen Ursprung im Laufe der Zeit in Vergessenheit geraten war. Niemand konnte sich mehr daran erinnern, wie es seinen Anfang genommen hatte. Jeder Späher trug in seiner Kriegstasche neben persönlichen medizinischen Dingen, Farben und Werkzeug zur Ausbesserung seiner Waffen noch etwas anderes mit sich – einen kleinen Stein.

NACHWORT

Bevor wir uns trennen

Ich mag mir noch so große Mühe geben, außer ihrer offensichtlichen Verwendung kann ich an den technischen Spielereien und Geräten, die mir zur Verfügung stehen, nichts Sinnvolles finden. Computer, Mobiltelefone und Drucker regen mich nicht dazu an, über mein Leben und über die Art Mensch, die ich vielleicht bin, nachzudenken. Es mag daran liegen, dass ich in einer Zeit aufgewachsen bin, als Technik noch kein so unübersehbarer Teil des Lebens war und zumindest bei den Leuten, die mir wichtig waren, nicht als Symbol menschlichen Fortschritts oder menschlicher Überlegenheit galt.

Noch vor einigen Jahrzehnten war die Technik kein Gott; sie zu benutzen war irgendwie noch eine freie Entscheidung. Ich weiß von Familien – meist waren es Indianer, aber auch ein paar Weiße –, die Ende der 1940er- und Anfang der 1950er-Jahre immer noch misstrauisch gegenüber Elektrizität waren. Wie das Telefon war sie in unserem Teil der Welt etwas Neues.

Ohne genau zu wissen, wie sie künstlich hergestellt wurde, hatten die Indianer bereits ein Wort für Elektrizität, denn sie wussten, worum es sich dabei handelte. Das Wort war *wakangli* (wah-khan-glii), und es bedeutet »Blitz«. Es faszinierte viele Indianer und erfüllte sie sogar mit Ehrfurcht, dass die Weißen einen Weg gefunden hatten, Blitze herzustellen. Irgendwie hatten sie eine der großen Kräfte der Welt gezähmt.

Moderne Technik unterscheidet sich ganz offensichtlich von primitiver Technik. In mancher Hinsicht scheint moderne Technik etwas

Eigenständiges zu sein, beinahe, als brauche sie keine Menschen. Vielleicht entwickeln viele Menschen über sechzig deshalb keine wohlig warmen Gefühle für Mobiltelefone oder Computerbildschirme.

Meine Großmutter wollte 1960 meinen Onkel anrufen, der in einem anderen Reservat im Osten von South Dakota lebte. Wir gingen zum Haus eines Pastors, der ein Telefon besaß. Es war vor der Zeit, als man direkt wählen konnte, doch mithilfe der Telefonistin bekamen wir die Verbindung. Als mein Onkel an den Apparat kam, wollte er direkt mit meiner Großmutter sprechen. Doch sie zögerte und bestand darauf, dass ich die Nachricht an sie weitergab. Das Telefon zu benutzen widerstrebte ihr nicht deshalb, weil sie nicht verstand, wie es funktioniert. Das Lakota-Wort, mit dem das Telefon beschrieben wurde, war *omasape* (oh-mas-ah-pe), und es bedeutete »das Eisen schlagen«. Der Begriff bezog sich auf die Funktionsweise des Telegrafen, bei dem die Taste auf die Kupferplatte schlug.

Meine Großmutter erklärte ihre Abneigung gegen die Benutzung des Telefons mit den Worten: »Mein Englisch ist nicht besonders gut.« Sie nahm an, sie dürfe am Telefon nicht Lakota sprechen.

Die heutige Technik kann man (und sollte man wahrscheinlich) nicht als etwas betrachten, das mehr ist als eine Ansammlung nützlicher und unterhaltsamer Geräte, Maschinen und Instrumente. Unterhaltsam und nützlich, das ist die Summe dessen, was diese Dinge sind. Und garantiert wissen die meisten Menschen nicht, aus welchen Materialien ihr technisches Lieblingsspielzeug besteht oder wie die Materialien verarbeitet wurden.

Das lässt sich über den Primitivbogen und seine Pfeile nicht sagen. Was sie sind, ist für mich kein Geheimnis, ebenso wenig wie das Material, aus dem sie bestehen, oder die Methode ihrer Herstellung. Es sind Beispiele für Technik in ihrer einfachsten Form. Deshalb erinnern sie mich an zwei Dinge. Erstens: Es gab (zumindest für mich) eine Zeit, in der das Leben einfacher war. Und zweitens: Die meisten Dinge kann man auf einfache Elemente reduzieren, um sie zu begreifen.

Um die Reise meines Lebens zu verstehen, habe ich mich dafür entschieden, sie anhand der Elemente zu betrachten, die die Themen dieses Buches sind: Veränderung, Einfachheit, Bestimmung, Stärke und Widerstandsfähigkeit. Das erste ist ein Prozess, ein lebenslanger Vorgang, wenn man so will; das andere sind Eigenschaften, die man im Leben erwirbt. Ich glaube, sie alle sind Teil der Reise eines jeden Menschen.

Wandel

Das Leben ist ein Prozess, und das bedeutet, jeder von uns ist unfertig. Alles, was wir erleben, fügte dem, was wir als Menschen sind, etwas hinzu. Es gab eine Zeit, da hatten zwei Worte in Lakota eine geheiligte Bedeutung: *winuhcala* (wi-nuh-cah-la) – »alte Frau«, und *wicahcala* (wi-chah-cah-la) – »alter Mann« Es waren Titel, die Respekt zum Ausdruck brachten, und sie bedeuteten, dass alte Frauen und alte Männer großes Wissen besaßen, dass sie reich an Weisheit waren, nicht nur an Jahren. Sie hatten ihr Leben gelebt, und dadurch, dass ihnen alles mögliche Gute und Schlechte widerfahren war, was ein langes Leben ausmacht, und sie es ertragen hatten, waren sie geformt und verändert worden.

Wir können uns dem Vorgang des Wandels nicht entziehen, doch wir sollten begreifen, dass es zwei Arten von Lektionen gibt: Die einen lehren uns, wie wir sein und was wir tun sollen, die anderen, wie wir *nicht* sein und was wir *nicht* tun sollen.

Einfachheit

Ein Bogen und ein Pfeil erinnern mich immer an Einfachheit und daran, dass wir alle nach einem Leben ohne Kompliziertheit streben sollten. All das, von dem wir glauben, dass wir es brauchen, brauchen wir möglicherweise nicht, und je weniger wir mit Dingen oder Schwierigkeiten belastet sind, desto beweglicher sind wir.

Ich erinnere mich an die Geschichte eines Lakota-Mannes, eines Jägers und Kriegers, der in alter Zeit von Feinden gefangen genommen worden war. Er schaffte es, nur mit einem Lendenschurz bekleidet zu fliehen – ohne Hemd, ohne Hose, ohne Mokassins. Und er hatte auch keine Waffen und keine Nahrung.

In dem Monat, den er für den Heimweg brauchte, fand er das Werkzeug und die Waffen, die für das Überleben nötig waren, oder er fertigte sie selbst an. Mithilfe eines Hirschgeweihs schlug er sich aus Stein (wahrscheinlich Feuerstein oder Hornstein) eine Messerklinge zurecht. Mit dem Messer schnitt er Stücke von den Lederschnüren seines Lendenschurzes ab, die er als Teil eines Bogenbohrers zum Feuermachen benötigte: die Sehne. Die andere Zutat war Holz, von dem es genug gab. Er sammelte Wurfsteine, und es gelang ihm, damit Wildhühner und Kaninchen zu erlegen. Mit dem Messer schnitt er einen Baumast und Zweige ab, aus denen er einen Bogen und Pfeile fertigte. Aus Kaninchenrohhaut machte er eine Bogensehne und eine Schleuder. Abends baute er sich einen Unterschlupf und hielt sich nachts mit Feuern warm. Mit dem Bogen erlegte er genug Hirsche, um Fleisch zu haben und Häute, aus denen er Kleidung und Mokassins anfertigte.

Sein Leben, seine ganze Existenz war auf das Minimum reduziert, aber er überlebte. Die Feinde hatten ihm zwar alles genommen, was er besaß, doch was er wusste oder wer er war, konnten sie ihm nicht nehmen.

Bestimmung

Bestimmung kann sich mit einer Arbeit oder Berufslaufbahn verbinden oder mit beidem nichts zu tun haben. Die Geschichte berichtet von Menschen aus Europa, die im kolonialen Amerika zu Vertragsknechten wurden. Sie fanden sich dazu bereit, weil sie die Überfahrt nicht bezahlen konnten. Nach der Ankunft wurde ihr Vertrag an einen Grundbesitzer verkauft. Im Großen und Ganzen kam es in den Kolonien wegen des Bedarfs an billigen Arbeitskräften zur Vertragsknechtschaft. Nach vier bis sieben Jahren schwerer Arbeit waren diese Menschen frei. Manche erhielten ein kleines Stück Land, Saatgut und neue Kleider. Vertragsknechtschaft war ein Mittel zum Zweck. So hart und schwierig sie für die meisten Menschen auch sein mochte, es war eine Möglichkeit, ihr eigentliches Ziel zu erreichen: frei zu sein und die Möglichkeit zu haben, sich ein Leben aufzubauen.

Es ist eines der Geheimnisse des Lebens, seine Aufgabe zu kennen, sie zu finden und sie tagein tagaus zu würdigen. Und ich glaube außerdem, eine selbstlose Aufgabe bringt auch die größte Erfüllung.

Stärke

In meinen frühesten konkreten Erinnerungen an meine Großeltern sind sie alle körperlich starke Menschen. Sie waren aktiv, arbeiteten schwer und hatten starke, schwielige Hände. Die Bilder meiner Großmütter bei allen möglichen schweren körperlichen Arbeiten – sie bestellen den Garten, spalten Holz, hängen Wäsche auf oder nehmen sie ab, stehen am heißen Kochherd und enthülsen scheffelweise Mais – sind so klar, als sei das alles erst gestern geschehen.

Mein Großvater mütterlicherseits baute praktisch allein ein Blockhaus. Mein Großvater väterlicherseits war größer gewachsen als die meisten anderen Männer. Ich habe ein Foto von ihm in seiner Infanterieuniform um die Zeit von 1918; darauf war er sehr jung und gleichzeitig sehr beeindruckend.

Ich erlebte, wie meine Großeltern älter wurden, sechzig, siebzig, achtzig Jahre alt, und wie sie körperlich kleiner wurden. Es war eine subtile Veränderung. Plötzlich gab es neue Falten in ihren Gesichtern, und ihre Bewegungen waren ein wenig steif. Doch ich weiß, sie wurden stärker auf eine Art, die wichtiger war: emotional und geistig. Ihre Veränderung gipfelte in der Stärke, die sie alle in hohem Maße besaßen: in Weisheit. Für mich waren sie damals überlebensgroß, und das sind sie immer noch.

Widerstandsfähigkeit

Ich habe mit dem neuesten Bogen geschossen, den ich gebaut habe. Er ist aus Hickoryholz. Er ist 56 Zoll (1,42 Meter) lang und wiegt nicht ganz ein Pound (450 Gramm). Aber bei einem Auszug von 22 Zoll (56 Zentimeter) zieht er etwa 50 Pound (22,50 Kilogramm). Inzwischen hat er ein paar Tausend Pfeile geschossen. Jedes Mal, wenn ich den Bogen ziehe und loslasse, fliegt der Pfeil auf das Ziel zu, die Bogenarme nehmen wieder ihre ursprüngliche Position ein und sind bereit für den nächsten Pfeil. Das ist es, was ich meine, wenn ich von Flexibilität und Widerstandskraft spreche.

Meine Großeltern hatten alle den gleichen Charakter. Ich war 1980 bei Blanche, meiner Großmutter väterlicherseits, als meine Tanten und ihr Ehemann ihr die Nachricht vom Tod ihres ersten Sohnes, meines Onkels Narcisse, überbrachten. Er war an einer verirrten

Gewehrkugel gestorben. Meine Großmutter saß ruhig da, hielt ein Taschentuch in den Händen, die gefaltet in ihrem Schoß lagen, und hörte zu. Dann weinte sie still. Und danach tröstete sie den Rest von uns. Ihre große geistige Kraft trug sie durch eine schwere Zeit, und ihre Widerstandskraft ermöglichte es ihr, weiterzumachen. Sie wurde wieder Grandma Blanche, bereit sich allem zu stellen, was das Leben ihr schickte, sei es gut oder schlecht.

Bogen und Pfeile sind, zumindest in ihren atavistischen, primitiven und traditionellen Formen, für die meisten Menschen auf der Welt bedeutungslos. Aber für manche von uns sind sie immer noch wichtig. Sie stehen für das Leben und für meine Reise. Sie werden mich immer an die Lektionen erinnern, die ich im Leben gelernt habe, und sie werden mich immer an meine Großeltern erinnern.

Meine Großeltern waren für mich ein besonderer Segen, weil sie die Menschen waren, die sie waren, und weil ihr Leben und ihre Persönlichkeit Beispiele für uns sind – für all ihre Enkel, die aufmerksam zugehört haben.

Mein Großvater mütterlicherseits brachte mir alles über Bogen und Pfeile bei – wie man sie baut und wie man sie benutzt. Wenn er mit Bogen und Pfeil schoss, brachte das immer seine kindliche Seite zum Vorschein. Und wenn ich mit Pfeil und Bogen in der Hand hinter mein Haus gehe, spüre ich jedes Mal seine Anwesenheit.

Die Lektionen, die Bogen und Pfeile mir erteilen, sind einfach: Das Leben ist der Bogenbauer, und wir werden verändert durch alle Erfahrungen, die wir machen, durch die Entscheidungen, die wir treffen oder die für uns getroffen werden, ja selbst durch die Entscheidungen, die wir nicht treffen. Wir lernen im Laufe des Lebens viele Werte, wir nehmen Gewohnheiten an und Eigenschaften, doch das Wichtigste sind Einfachheit, Zielstrebigkeit, Stärke und Widerstandskraft.

Es ist Zeit für mich, den Bogen zu spannen und nach meinen Pfeilen zu greifen.

Danksagung

Dieses Buch ist mein viertes Projekt bei Sounds True, und ich bin dankbar, dass jemand dort findet, ich hätte etwas Sinnvolles zu sagen. Dieses »Jemand« schließt Tami Simon und Jennifer Y. Brown ein. *Die Lehren von Pfeil und Bogen* nahm vor mehreren Jahren seinen Anfang als ein anderes Thema mit einem anderen Titel. Danke, Tami und Jennifer, für Eure Geduld.

Ein besonderer Dank geht an Amy Rost, meine Lektorin, die sich mit den Irrungen und Wirrungen der ersten Fassung meines Manuskripts herumgeschlagen hat. Es mag ein Abenteuer sein, Erstfassungen zu schreiben, doch ich finde, es ist ebenso sehr ein Abenteuer, sich durch eine Erstfassung hindurchzukämpfen und etwas daraus zu machen, was einen Sinn ergibt. Ich bewundere Lektorinnen und Lektoren.

Wie stets muss ich die alten Menschen meiner Kindheit erwähnen und beginne mit meinen Großeltern. Sie haben mich nicht nur an die Geschichte und das Erbe meiner Familie herangeführt, sondern an die Geschichte im Allgemeinen und manchmal im Besonderen. Es gab noch andere alte Menschen: Verwandte und Freunde der Großeltern im Rosebud-Reservat und im Pine-Ridge-Reservat. Sie alle ermöglichten mir einen Blick auf das, was die Lakota in der Vergangenheit gewesen waren und was moderne Lakota in die Zukunft weitertragen sollten. Daneben waren sie alle Beispiele für Stärke und Mut.

Das Wissen der Ältesten: Was ein Lakota seinem Enkelkind mit auf den Weg gab

Zauberhafte Erzählungen, wohltuende Weisheiten

Joseph Marshall ist ein Sioux-Indianer vom Stamme der Lakota. In diesem kleinen Meisterwerk erzählt er von den Spaziergängen mit seinem Großvater. Auf den langen Ausflügen in die Natur machte ihn der alte Mann mit den jahrhundertealten Weisheiten und Idealen der Lakota vertraut. Mit seinen wunderbaren Erzählungen lässt er uns in die Welt der Lakota-Sioux eintauchen und schenkt uns tiefe Einsichten in die Lebensweisheit der Indianer.

Gerade in einer Zeit der Verunsicherung, der gesellschaftlichen Umwälzungen und der Zukunftsängste ist es lohnenswert, sich mit der Lebensphilosophie der Lakota auseinanderzusetzen. Es sind über viele Generationen hinweg überlieferte Mythen und Sagen, die uns auf eine Reise inneren Wachstums und der Inspiration mitnehmen. Von den Ältesten an ihre Kinder und Enkelkinder weitergegeben, vermitteln die klugen Fabeln und Legenden einen Einblick in das Leben der Lakota und schenken universelle Erfahrungen, die das Leben reicher machen und unser Gespür für das Richtige stärken. Sie helfen uns dabei, die Welt um uns herum und unseren Platz in ihr besser zu verstehen.

Ob es um Weisheit, Demut, Hilfsbereitschaft oder Vertrauen geht, ob er über die dunkle Seite in uns oder über den Kreis des Lebens spricht, Marshalls Buch ist nicht nur inspirierend und ermutigend – es macht einfach Freude, den wunderbaren Erzählungen zu lauschen.

gebunden
128 Seiten
zahlreiche Abbildungen
inkl. CD • Laufzeit ca. 71 Min.
ISBN 978-3-86445-259-8
14.95 €

Kopp Verlag
Bertha-Benz-Straße 10
D-72108 Rottenburg
Telefon (0 74 72) 98 06 0
Telefax (0 74 72) 98 06 11
info@kopp-verlag.de
www.kopp-verlag.de